杉原保史・宮田智基 著
Yasushi Sugihara & Tomoki Miyata

SNS

カウンセリング入門

LINEによる
いじめ・自殺予防相談の実際

北大路書房

本書に掲載されている会社名・製品名は一般に各社の登録商標または商標です。

まえがき

　情報通信技術（ICT：information and communication technology）の発達は，しばしば第三次産業革命とさえ言われるほど，現代の社会と生活に大きな影響力を及ぼしています。その影響は地球規模で，急速で，劇的です。その影響力の最も身近な表われがスマートフォンですし，LINE（ライン），Twitter（ツイッター），facebook（フェイスブック）などのSNS（ソーシャル・ネットワーキング・サービス）でしょう。

　スマートフォンとSNSは，とりわけ若い年代の人たちのコミュニケーションのあり方に大きな変化をもたらしました。今の若者たちはほとんど電話を使いません。対面以外の親密なコミュニケーションはもっぱらSNSなのです。

　若者たちは，困ったとき，苦しいとき，淋しいとき，電話で相談しようとはしません。彼らはLINEやTwitterで苦悩を表現します。LINEやTwitterで「死にたい」という気持ちを告白する若者がたくさんいるのです。

　これと関連して，わが国における自殺予防において，現在，非常に重要な課題となっているのが，若者への対応です。厚生労働省の2017（平成29）年度の自殺対策白書では「我が国における若い世代の自殺は深刻な状況」であること，「15〜34歳の若い世代で死因の第1位が自殺となっているのは先進国では日本のみで，その死亡率も他の国に比べて高いものとなって

i

いる」ことが指摘されています。

　こうした状況にあるにもかかわらず，いじめ対策や自殺予防の相談の中心はこれまでずっと電話相談でした。SNSを利用した相談はほぼなされてこなかったのです。

　そういう状況が続く中，Twitter に「死にたい」と投稿した若い女性たちをターゲットにした殺人事件が起こり，世間を騒がせました。もっと早く SNS カウンセリングの体制が整っていれば，こうした事件も防げたかもしれません。それを思うと残念でなりません。

　しかしこの事件がきっかけとなって，とうとう国も動き出しました。文部科学省と厚生労働省とが，それぞれ SNS カウンセリングを推進する施策を打ち出したのです。

　本書は SNS を活用したカウンセリング（SNS カウンセリング；SNS 相談）の入門書です。一口に SNS と言っても，LINE，Twitter，Messenger（メッセンジャー），Instagram（インスタグラム）など，性質の異なるさまざまなものがありますが，本書はその中でも LINE によるカウンセリングを中心的に扱います。というのも，本書は長野県が中高生向けに行なった相談事業「ひとりで悩まないで＠長野」の LINE 相談に携わった経験に基づいているからです。本書で扱われるのは主に LINE 相談ですが，その内容の多くは LINE 以外の SNS を用いた相談にも当てはまるものと思われます。というのも，SNS カウンセリングは，どのような SNS を用いるにせよ，基本的

にテキスト（文字）のやりとりによるコミュニケーションだという点で共通しているからです。

SNS カウンセリングは，利用者からは大いに歓迎され支持されています。しかし，専門家の中には，疑惑や不信の目を向ける人が少なくありません。「SNS でカウンセリングなどできないだろう」とか，「SNS カウンセリングなんて役に立たないだろう」という意見をもつ人もかなり多いように思われます。

本書は SNS カウンセリングに実際に携わった経験に基づき，その基本的な考え方について論じるとともに，SNS カウンセリングのありのままの実際を描き出そうとするものです。SNS カウンセリングが，今後，わが国におけるいじめ予防・自殺対策の重要な柱となっていくことは間違いありません。本書が，SNS カウンセリングについての疑惑や不信を払拭し，わが国における SNS カウンセリングの普及と発展に少しでも役立つものとなることを期待しています。

杉原保史

もくじ

まえがき　i

🔍 序章　SNS相談を取り巻く状況　1

アカデミック・アドバイザーのコラム

> LINE相談と変化のステージ　7

なぜSNS相談なのか？　9

1. 若者のコミュニケーション形態の変化と悩み相談の現状　9

2. 専門家の消極的な対応　13

3. SNS相談に向けられがちな批判や疑い　16
   （1）文字とスタンプだけでは悩み相談はできないのでは？／（2）個人情報保護や秘密保持に問題があるのではないか？／（3）スタンプ連射のような相談にならないメッセージが押し寄せるのでは？／（4）相談が文字で残ることは負担ではないか？／（5）コミュニケーションの歪みがますますひどくなるのでは？

4. SNS相談のメリットとデメリット　27
   （1）LINE相談のメリット／（2）LINE相談のデメリット

5. 海外におけるSNS相談の動向　35
   （1）アメリカにおけるSNS相談／（2）情報通信技術を利用した心理援助の効果の研究

v

6. LINE 相談の実践経験から　39
（1）中高生の LINE 相談へのニーズは非常に高い／（2）LINE での相談は有効である／（3）LINE に適合したカウンセリングの技術が必要である

相談初日に飛び込んできた子どもたちからの問い　44

2　LINE 相談に寄せられる中高生の悩み：統計データから　47

1. 相談の概要　47

2. 相談活動の主な統計データ　49
（1）アクセス数／（2）対応数／（3）電話相談と LINE 相談の相談件数の比較／（4）平均相談回数／（5）相談時間と吹き出し数

3. さらに詳しい統計データの考察　53
（1）男女比／（2）学年比／（3）相談時間内アクセス件数と対応件数の推移／（4）アクセス回数の分布（全体）／（5）相談回数の分布／（6）相談時間／（7）相談内容

4. まとめ　66

LINE 相談の経験から学んだこと　67

3　SNS 相談にマッチした相談技術　69

1. SNS 相談員に求められる前提条件　70

(1) SNS 相談の社会的意義や可能性を理解し，コミットしていること／（2）SNS の特性を活かした新しい相談技術を発展させる意欲があること／（3）文章を理解する力と文章で表現する力があること／（4）その他の条件

2. SNS 相談における相談員の基本姿勢　73
（1）対面の相談における基本姿勢：受動的傾聴／（2）SNS 相談員に求められる基本姿勢：積極的関与

3. 具体的な応答の技術　76
（1）共感的で支持的なメッセージをはっきり言葉で伝える／（2）感情の反射よりも，対話をリードする質問が有用／（3）情報提供・心理教育を積極的に行なう／（4）相談者の動機づけを高める

4. LINE の特性に対応したその他の応答上の工夫　83
（1）相談者のテンポと文章量に波長を合わせる／（2）応答の行き違いやタイムラグに対応する／（3）絵文字・スタンプの利用

5. まとめ　87

相談員のコラム❸　　重たい相談への対応の工夫　88

SNS 相談の相談体制と実施手順　91

1. SNS 相談の相談体制　91
（1）人的体制／（2）SNS 相談のセッティングと IT 環境

2. LINE 相談の実施手順　96
（1）相談に先立つインフォームド・コンセント／（2）相談の始め方／（3）相談の流れ／（4）相談の終わり方／（5）緊急事態への対応

相談員のコラム❹　　SNS を相談ツールに　113

もくじ

LINE相談の事例研究　115

1. 事例の提示にあたって　115
2. 架空事例①：人間関係で悩む中学3年生女子　116
3. 架空事例②：家族関係で悩む高校2年生男子　127
4. 架空事例③：死にたいと訴える高校1年生女子　137
5. まとめ　150

相談員のコラム❺　　扉をたたく勇気に応えたい　　151

まとめ：SNS相談の課題　153

1. 今後に向けての展望　153
2. SNS相談の難しさ　154
3. 今後の課題　155
   （1）SNS相談に適した効果的な相談技術のさらなる研究／（2）SNS相談，電話相談，対面相談を円滑につなぐ相談体制のあり方の検討／（3）予防的・啓発的情報の発信についての研究／（4）オンライン教材を活用した相談についての研究／（5）コンピューターによる相談員のアシストに関する技術開発

相談員のコラム❻　　LINE相談室の中　　161

文献　163
あとがき　165

序章
● ● ●

🔍 SNS相談を取り巻く状況

　今や若者のコミュニケーションのかなりの部分がSNSを介したものとなっています。そもそも現代の中高生の多くはガラケーを知りません。生まれたときから生活の中にインターネットがあり、初めて持った携帯デバイスがスマホなのです。それゆえ、彼らをスマホ・ネイティブ、あるいはデジタル・ネイティブといった呼び名で呼ぶ人もいます。

　中高生の主要なコミュニケーションツールは、すでに電話からSNSに移行しています。親世代とは異なり、電話で長時間おしゃべりをする中高生はほぼいません。その代わりに彼らはSNSで長時間トーク（文字やスタンプのやりとり）をするのです。

　大人の側は、中高生のこうしたコミュニケーションツールの変化についていけていません。特に行政サービスの対応は遅れています。行政による中高生のための悩み相談は、未だにどこも昔ながらの電話相談ばかりです。当然のことながら、相談電話は期待されるほどにはかかってきません。

　こうした状況をよく知っている人たちからは、中高生に向けた悩み相談をSNSで行なう必要があるのではないかという意見が出されてきました。けれども、SNSによる相談はなかなか実現しませんでした。新しいことを最初に手がけるのは勇気

がいるものです。心理カウンセリングの専門家の間でも，SNS
の相談には慎重論や反対意見が多く，誰もその扉を進んで開こ
うとはしませんでした。

　けれども，大人たちがそうして手をこまねいている間にも，
青少年のいじめや自殺など，悲しい事件の報道がやむことはあ
りませんでした。その中でも最も衝撃的だったのは，2017年
10月に神奈川県の座間市で起きた9人の若者（女性8人，男
性1人）の殺害事件でしょう。被害者となった女性たちの多く
はTwitterで「死にたい」というメッセージを発しており，犯
人はそうした女性に個別にメッセージを送って近づいていたの
です。この事件は，若者にとって深刻な苦悩を表現する最も重
要な場がもはやSNSになっていることを社会に広く知らしめ
ました。SNSによる相談体制が整っていないことは社会問題
として認識され，政府も事件の再発防止についての関係閣僚会
議を開催してSNS相談について検討を始めました。

　実は，この事件に先立つこと数か月，2017年の夏に，2つの
自治体が中高生のためのSNS相談を行なうことを決定してい
ました。そして，これら2つの自治体それぞれが相前後して，
期間限定のSNS相談を実施したのです。

　その一つは長野県の「ひとりで悩まないで＠長野」です。長
野県は，2017年9月10日から23日までの2週間，毎日4時間(17
時〜21時)，県下全域の中高生約12万人を対象としてLINE
相談を行ないました。2週間という短期間の実験的な試みでは

ありましたが，想定されていたよりもはるかに多くの相談が寄せられ，実に有意義な取り組みとなりました。

その2か月後の11月には，滋賀県の大津市がLINEによるいじめ相談を開始しました。「おおつっこ相談LINE」です。2017年の11月1日から翌2018年の3月末まで5か月間にわたって，平日の17時〜21時まで相談を受け付けました。開始当初の2017年の11月の時点では，大津市内の3校の中学生約2,500人が対象でしたが，12月下旬からは対象とする中学校の範囲を13校に広げ，2018年の1月からは全中学校18校の生徒約9,100人が対象となりました。

これらのほぼ同時期に行なわれた中高生対象のLINE相談は，わが国における行政による初めてのSNS相談の試みでした。そのいずれも，相談を実際に実施したのは（公益財団法人）関西カウンセリングセンターのLINE相談プロジェクトチームでした。本書の筆者の一人である杉原は，このプロジェクトのアカデミック・アドバイザーを務めました。そして，本書のもう一人の筆者，宮田は，このプロジェクトの主要メンバーであり，現場の指揮にあたってきました。

初めてのLINE相談を実際に行なうにあたっては，情熱とともに相当な準備が必要でした。正直，どれくらい相談がくるのか，どんな相談がくるのか，まったく見当がつきません。専門家の間でも慎重論や反対論が渦巻く中，少しでも目立った失敗をすれば批判の標的にされることは目に見えていました。悩みを抱えている中高生の期待に応えるためにも，失敗は許されま

せん。

　LINEのトークは文字だけの交互のやりとりであり，通常の対面相談とは大きく異なります。電話相談と比べてもかなり違っています。対面相談や電話相談では経験を積んでいる相談のプロでも，LINEというメディアでは，同じようにその専門技術を活かせるのかどうかわかりません。私たちは，暗中模索状態で取り組みをスタートしたのです。

　スマホを片手に実験を重ね，暫定的な相談マニュアルを作成しました。トランスコスモス社のチャット・ツール（LINEのアクセスを管理し，対応するためのパソコン上のツール）の使い方を学びました。そして，相談員を募集し，研修し，選考しました。

　ドキドキしながら相談の初日を迎え，毎晩，議論を重ねながら経験知を積み重ねていきました。幸いにも，毎日，多くのアクセスがあり，特に開始から数日間はなかなかつながらないほどで，最後までほぼフル稼働状態で相談を受ける結果となりました。この期間を通して数多くの中高生と有意義なやりとりができ，たくさんの「ありがとう」をいただくことができました。その詳しい中身については，次章以降で紹介していきます。

　今後，SNSを用いた中高生のための悩み相談は，全国の自治体に広がっていくことでしょう。その流れを止めることはできないと思います。文部科学省も「SNSを活用したいじめ等に関する相談体制の構築に係るワーキンググループ」を設置し，

中間報告（2017年8月）においてその方向性を明確に打ち出しています。

こうした動きは文部科学省だけにとどまりません。「座間市における事件の再発防止に関する関係閣僚会議」（2017年11月）では，SNSで自殺をほのめかす若者をターゲットにした犯罪の再発を防止するため，政府一体となって対策強化に取り組むことが表明されました。そしてその取り組みの中心にはSNSによる自殺予防相談が含まれています。さらには，こうした一連の流れを受けて，2017年12月には関連事業者が「全国SNSカウンセリング協議会」を設立しました。

このように，2017年には，それまでその必要性が訴えられていながらも，なかなか実現してこなかったSNS相談の実現への動きが一気に活性化し，注目を集めたのです。

若年層を中心として，多くの人々が，SNSを用いた相談を切実に求めています。SNS相談が強く求められながら，適切に供給されていない状況は，もはや社会問題なのです。こうした求めに応えることは，社会にとっても，行政にとっても，SNS関連事業者にとっても，またカウンセリングの専門家にとっても，喫緊の責務だと言えるでしょう。

SNS相談を推進するためには，今回の中高生のためのLINE相談の取り組みについて，またそれを通して得られた知見について，多くの方に知ってもらうことが必要です。本書は，私たちの経験を，SNS相談に関心をお持ちの方に広く知っていた

だくために書かれました。私たちの取り組みは，決して完璧な
ものではありませんし，十分なものでさえありません。この不
十分な最初の試みがさらに洗練され発展していくこと，そして，
若年層の心を支える新しい選択肢が確立されること，それこそ
が私たちの願いです。

アカデミック・アドバイザーのコラム

LINE相談と変化のステージ

　LINEは，対面との比較ではもちろんのこと，電話と比較しても，さらにはメールと比較してさえ，アクセシビリティの高いメディアです。それゆえLINE相談には，相談への敷居が低いという特徴があります。

　相談への敷居が低いということは，いまだ変化への動機づけが十分に固まっていない状態で相談してくる相談者が多くなることを意味しています。逆に言うと，問題に対してなんとかしようという動機づけがしっかりある相談者は，LINE相談よりもメール，電話，もしくは対面での相談を選ぶ傾向が高まると思われます。

　プロチャスカとノークロス（Prochaska & Norcross, 2014）の変化のステージ・モデルでは，変化を6つのステージから成るプロセスとして概念化しています（表1）。

　この理論に基づいて考えると，LINE相談における相談者は，対面や電話相談の相談者と比べて，またメール相談の相談者と比べても，前熟考

表1　変化のステージ（Prochaska & Norcross, 2014）

前熟考期	当面，行動を変えようという意志をまったくもっていない。自分の問題に気づいていない
熟考期	問題があることに気づいており，問題を克服しようと真剣に考えているが，まだ行動に移す決意はない
準備期	変化したいという意志があり，変化の先駆けとなる小さな行動にすぐにでも取り組む準備ができている
実行期	実際に明確に行動の変化が生じている
維持期	行動変化が始まってから6か月以降の行動の変化を維持する時期
終結期	問題行動に戻る誘惑を経験しなくなり，逆戻りを予防する努力をしなくてもよくなる時期

期，熟考期の相談者の比率が高いものと推察されます。

これらの時期の相談者に対しては，変化への具体的なアドバイスをあまり前面に押し出すのは不適切です。そのような対応をすると，相談者は相談から離脱してしまいます。これらの時期は，むしろ，相談者の悩みをよく聴くことを中心とすべきです。

これらの時期の相談者は，はっきりとは認めたがらないものの，潜在的には失敗や無力感を感じており，自尊心が傷ついていることが多いのです。したがって，実際に相談してきたこと，つまり解決に向けた最初の小さな取り組みを開始したことを承認したり，すでにできている努力や対処（現状をもっと悪化させないでおくためにできていること）を承認したりして，潜在的な自尊心の傷の手当てをすることがまず重要となります。

また，これらの時期の相談者は変化の否定面を過大評価し，肯定面を過小評価していることが普通です。ですから，さりげなく建設的な別の見方をほのめかしたり，類似の状況から解決できた人のエピソードをそれとなく話して聞かせたりすることで，変化への期待を引き出し，高めることも有用です。

とにかく，1回のLINE相談でなんらかの具体的な結果を出そうと焦らないことです。前熟考期や熟考期の相談者は，そう簡単に具体的な行動を起こさないことが普通なのです。

変化はするかしないかというような二分法的なものではなく，連続した一連のプロセスです。相手がどのステージにいるかをアセスメントし，1つ上のステージに進むことが変化のプロセスを歩んでいるということなのです。LINE相談員にとっては，相談者の問題意識や，問題に取り組む動機づけをほんの少しでも高めることに寄与できればよいという控えめな心構えをもつことが大切だと言えるでしょう。多くの失敗は，相談員が相談者に過大な変化への期待を抱くことから生じます。

杉原保史
（京都大学学生総合支援センター）

なぜSNS相談なのか？

1. 若者のコミュニケーション形態の変化と悩み相談の現状

　科学技術の発展はさまざまな非対面のコミュニケーションをもたらしてきました。アマチュア無線，固定電話，ポケベル，携帯電話，パソコン通信，メール，SNS，Skype（スカイプ）などなど。通信技術は急速な発展を遂げてきており，年代によってどのようなコミュニケーション機器を経験してきたかにはかなりの違いがあります。

　現代の若年者の非対面のコミュニケーションのあり方はどうなっているのでしょうか？　それについては総務省情報通信政策研究所（2017）が調査しています（「平成28年情報通信メディアの利用時間と情報行動に関する調査」）。ここではこの調査から，本書のテーマと関連する重要なポイントをいくつか見ていきましょう。

　まず，平日と休日それぞれにおいて，1日にどのようなコミュニケーションメディアを何分ぐらい利用するかを年代別に示し

なぜSNS相談なのか？

たグラフです（図 1-1, 図 1-2）。これを見れば，10 代と 20 代においては SNS の利用が群を抜いて多く，音声通話（携帯電話，固定電話，ネット電話）やメールを大きく引き離しているのがわ

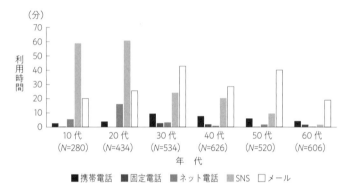

図 1-1　平日におけるコミュニケーション系メディアの年代別平均利用時間
（総務省情報通信政策研究所，2017 より作成）

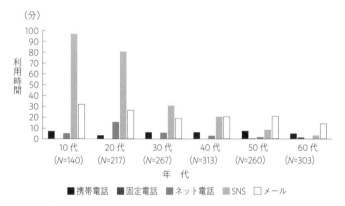

図 1-2　休日におけるコミュニケーション系メディアの年代別平均利用時間
（総務省情報通信政策研究所，2017 より作成）

かります。特に10代ではその差は圧倒的です。SNSの利用時間は，平日ではほぼ1時間，休日では1時間半に及びます。これに対して2位のメールは平日で約20分，休日で約30分です。音声通話に及んでは平日で約9分，休日でも約13分にすぎません。

40代以上の大人世代ではメールがトップであり，10代と親世代との間にはかなりのジェネレーション・ギャップがあることがわかります。

それではいつから10代におけるコミュニケーションメディアの主流はSNSになったのでしょうか？ 実は，同調査によれば10代におけるコミュニケーションメディアのトップは，2012（平成24）年には大人世代と同じメールだったのです（図1-3）。しかし2013年にはSNSがメールを抜いてトップになり，2014年にはその差が大きく広がりました。つまり2012年から2014年までのほんの短い期間に，10代の若年層においてSNS

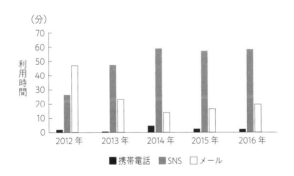

図1-3　10代における主なコミュニケーション系メディアの平均利用時間の経年変化（総務省情報通信政策研究所，2017より作成）

なぜSNS相談なのか？

が急速に普及したということなのです。

またSNSにもいろいろあります。LINE, facebook, Twitter, mixi（ミクシィ）などがその代表です。調査によれば，その中でも10代においてはLINEの利用率が群を抜いて高く，その利用率はほぼ8割に達しています（図1-4）。

以上のデータをふまえれば，若年層においてはLINEが非対面のコミュニケーションメディアの圧倒的主流であることがわかるでしょう。大人世代とはその点で大きな感覚の違いがあります。

大人世代の多くは，若いころに友人と電話で長々とおしゃべりをしたことがあるのではないでしょうか。親から心理的に自立する心の動きが生じてくる思春期・青年期の若者にとって，同世代の友人とのコミュニケーションはとても大切なものです。若者は，平日の夜や休日には長々と友だちとおしゃべりを

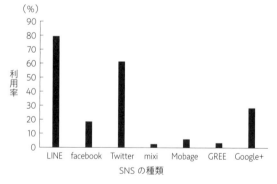

図1-4　主なソーシャルメディアの利用率（10代）（総務省情報通信政策研究所，2017より作成）

するものなのです。そのためのコミュニケーションメディアは，大人世代ではほぼ電話だったのです。しかし現代の若者は音声通話に馴染みがありません。電話で長々と友だちと話すようなことはしていないのです。

　にもかかわらず，行政による若年層のための悩みの相談というと，スクールカウンセラーなどによる対面の相談か，そうでなければ電話相談にとどまっているのが現実です。若年層におけるコミュニケーションメディアの主流があまりにも急速にLINEへとシフトしたために，大人社会の対応が追いついていないのです。

2. 専門家の消極的な対応

　若年層のコミュニケーションメディアの変化をふまえれば，悩みの相談は対面や電話だけではなく，当然，SNSでも行なう必要があるということになるはずです。しかし，行政サービスの対応は遅れています。

　こうした現実を，悩み相談の専門家はどのように考えているのでしょうか？

　まず最初に押さえておきたいのは，一口に悩み相談の専門家と言っても，実はいろいろな人たちがいるということです。一般の人にはわかりづらいと思うのですが，心理カウンセラーや心理療法家などの心理援助者にはさまざまな資格があります。そして，その訓練の内容も程度も実に多様なのです。そうした

なぜSNS相談なのか？

中でも最も高度な学術的訓練を受けた専門家ほど，対面以外の心理援助を軽視する傾向があるように思えます。

実際，非対面の相談では，専門的訓練の度合いが相対的に低い援助者の比率が高くなります。電話相談では，研修を受けた一般市民のボランティアがかなりの割合を占めます。

確かに，高度に専門的な心理療法は，相談者の声のトーンや表情や姿勢などの微妙な変化を瞬間，瞬間に感じ取りながら対話することによって進められます。それゆえそうした援助は，対面の面接でなければ難しいのです。それは紛れもない事実だと言えます。

けれども，悩みを抱えている人がすべて高度に専門的な心理療法を必要としているわけではありません。風邪をひいた人には高度医療ではなくホームドクターの診察が適切であるように，悩みを抱えている人の多くには高度に専門的な心理療法ではなくより身近な心理援助が適切だと言えるでしょう。対面の面接による心理療法だけが心理援助ではありません。

高度に専門的な心理療法をそのまま提供することだけしか頭にないのであれば，非対面のメディアではで心理援助ができないということになります。しかし，そもそもそうした考えは，高度に専門的な心理療法を提供することこそが常にベストなのだという前提に立った，提供者中心の論理に基づくものです。そこでは利用者側のニーズは無視されています。利用者側のニーズを幅広く考慮すれば，非対面のメディアでも役に立てる心理援助があるはずです。もっと言えば，非対面のメディアだ

2. 専門家の消極的な対応

からこそできる心理援助があるはずなのです。そのメディアの特性をうまく利用すれば，対面の相談にはないメリットがもたらされるはずです。違いや変化にデメリットだけしか見ないなら，適切な援助の機会を逸することになります。

とはいえ，専門家のほとんどは，SNS相談に対してわざわざ積極的に反対意見を表明するわけではありません。しかし，中高生の間では電話よりもSNSが主流になっているということを認識していたとしても，SNS相談については無関心で消極的な人が多いと言えるでしょう。

スマホもインターネットもなく，馬車が走り，ガス灯が灯っていた時代に開発された心理療法を，ほぼそのままやることにしか興味がない専門家がとても多いことには驚かされます。

高度に専門的な心理療法を行なう人の中には，残念ながら，相手が真に求めている援助を工夫することよりも，自分が信奉する心理療法を最も純粋なかたちで行ないたいという気持ちが勝っているように見える人がしばしば見受けられます。こうした専門家の自己愛的で保守的な姿勢が，時代に即した心理援助を発展させることを妨げているのです。

もちろん，すべての専門家がそうであると言うつもりはありません。ただ筆者（杉原）の個人的経験としては，残念ながらこの点に関して同業の専門家との間に温度差を感じることがよくあります。

同業の専門家に同情的な見方をすれば，この問題は，専門家だけのせいだとも言えないということが指摘できます。新しい

なぜ SNS 相談なのか？

創造的な試みを応援し，あたたかく見守るよりは，失敗をあげつらい，集団で責め立てる現代の日本社会の不寛容な風潮も，専門家の挑戦を萎縮させる背景要因となっているように思えます。専門家といえども，新しいことに挑戦するのは不安なのです。みなさんにはその点をご理解いただき，あたたかく応援していただければと願います。

3．SNS 相談に向けられがちな批判や疑い

　学校の先生や心理カウンセラーなど，思春期・青年期の若者たちの生活を傍でしっかり見ている人たちの中には，この年代においては，電話による悩み相談はもはやかなりミスマッチなものになりつつあることに敏感に気づいていた人たちもいました。教育関係者の間でもこの問題は議論されてきました。それでも実際に SNS で相談を行なうまでには，多くの反対意見や，危険性を懸念する意見が出されてきました。

　ここではそうした否定的意見の代表的なものを取り上げ，考えていきます。

（1）文字とスタンプだけでは悩み相談はできないのでは？

　SNS のコミュニケーションは，基本的に文字のやりとりです。LINE のトークでは，文字に加えてスタンプも用いられますが，それでも相談は基本的に文字のやりとりになります。先ほども述べたように，伝統的な対面の心理カウンセリングは，

3. SNS 相談に向けられがちな批判や疑い

表情，声のトーン，視線の向け方，姿勢，ジェスチャーなど，いわゆる非言語的なコミュニケーションに注目し，それを重要な要因として織り込みながら進められるものです。電話相談では，表情や視線やジェスチャーなどの視覚的な情報はやりとりできませんが，声のトーンや音程，抑揚，テンポ，間のとり方など，なお非言語的な情報が多く伝わります。しかしSNSでは，文字やスタンプが送信されるテンポや間のとり方を除けば，非言語的な情報はほとんど伝わりません。

　また対面の心理カウンセリングにしても電話相談にしても，コミュニケーションは同時的で双方向的です。相談者が話している最中に，かぶせて「あー」「うーん」「へー」などとあいづちを打って，相談者の話す行為をリアルタイムで支え励ますことが可能です。しかし，SNSではそれができません。あくまで相談者がメッセージを書き込み，送信し，それを見て相談員が「なるほど」などと書き込み，送信します。同時的・双方向的コミュニケーションではなく，交互の経時的コミュニケーションです。

　こうしたことから，伝統的な対面の心理カウンセリングの専門家は，SNSでは悩み相談はできないと考えがちなようです。あるいは，できないとまでは言わないものの，対面の心理カウンセリングよりも劣った，制約の多いものと見なし，その有効性を過小評価しがちです。

　確かに，対面の心理カウンセリングと同じことをしようとすれば，SNSではできません。しかし，私たちが直面している

17

1 なぜ SNS 相談なのか？

課題は，SNS を使って対面の心理カウンセリングと同じこと
を実現することではなく，SNS を使って中高生の悩みを和ら
げ，生きる希望をつなぎ，回復させ，強めることなのです。言
い換えれば，文字によるメッセージの交互のやりとりによって
実現可能な新しい効果的な相談スタイルを工夫することが求め
られているのです。

　中高生の間では，SNS によるいじめというものが存在して
います。SNS で人を傷つけることができるのなら，SNS で人
を癒すこともできるはずです。私たちが目指しているゴールは
そこです。文字とスタンプだけでは悩み相談はできないと主張
する人と，私たちとでは，目指しているゴールが違うのです。

　また，SNS では悩み相談はできないと考える人たちは，文
字だけでは心理的に意味のあるやりとりはできないのではない
かと疑うことが多いようです。感情は音声や表情などの非言語
的なモードで伝わる面が大きいものですから，文字だけのやり
とりでは感情を扱えないと考えるのです。

　私たちも対面や電話での心理カウンセリングをするときに，
音声や表情などの非言語的なモードでのコミュニケーションを
非常に重視しています。ですから，こうした考え方がまったく
的を射ていないとは思いません。けれども，文字による感情へ
のはたらきかけを完全に否定するのは間違いだと思います。私
たちは誰しも文字だけのコミュニケーションで大いに心を動か
されます。小説を読んで感動する，ラブレターを書いて情熱的
な思いを告白する，文通で友情を育む，など，文字を通して心

18

が動かされる例はいくらでもあげることができます。

それでもなお，SNS は小説や手紙のような長い文章のやりとりではなく，もっと短い文章のやりとりだから，感情を扱うことはできないだろうと言う人もいるかもしれません。そうした意見に対しては，俳句や短歌について考えてみてほしいと思います。俳句は 17 文字，短歌は 31 文字という短い言語表現でありながら，とても豊かな情緒を伝えます。短いやりとりだから感情を扱うことはできないということはないのです。

(2) 個人情報保護や秘密保持に問題があるのではないか？

LINE をはじめ，次々に登場する新しい情報通信技術に，大人世代の多くは不安感を抱いるようです。よくわからないものは，何となく不安ですよね。

とりわけ，現代は個人情報の保護について厳格さを求められる時代ですから，情報の管理には細心の注意を払う必要があります。これについては個人情報保護法による厳しい定めがあります。

まして，悩み相談のようなとてもパーソナルでデリケートな感情を伴う個人情報は，厳密に管理する必要があります。これについては，心理カウンセラーには，専門家として，相談者の秘密を保持する職業倫理上の義務があります。

ですから，個人情報保護や秘密保持の点でしっかりとした取り決めをしておくことは，相談事業を行なうにあたって確かにとても重要なことです。

とはいえ，以上のことは従来の対面のカウンセリングでも，

19

なぜ SNS 相談なのか？

電話相談でも同じことであり，とりたてて SNS 相談だけに当てはまることではありません。SNS 相談に関して「個人情報保護や秘密保持に問題がある」と懸念する人たちが指摘するのは，「SNS 相談では自治体の相談事業担当部署の内部だけに相談に関わる個人情報をとどめ，管理，保持しておくことができない」ということです。つまり，SNS に関わる ICT 事業者に相談者や相談の中身が筒抜けになってしまうと心配しているのです。

けれども，それを言うのであれば，電話相談でも同じではないでしょうか？　おそらく明治時代に電話が登場したころには，電話での会話は，電話事業者に筒抜けになっているのではないかと心配されていたことでしょう。新しい技術は人を不安にさせます。けれども，これは，情報通信業者としっかり取り決めを結べばクリアできる問題だと思います。

そもそも，総務省の住民基本台帳のデータにしても，マイナンバーのデータにしても，基礎年金番号のデータにしても，その入力や管理が国や自治体の内部で純粋に完結するわけではないでしょう。委託された業者が管理するデータサーバーが用いられ，国や自治体の外部の民間人がデータの入力や管理に関わっているでしょう。公的機関のメールのシステムも，実はグーグルやマイクロソフトなどに業務委託されている場合も多いはずです。そのとき，メールのデータサーバーは委託業者の管理下にあるのです。

情報を組織の内部で管理する，外に漏らさないというのは，何も物理的に自治体の内部に設置した自前のサーバーでデータ

を管理するということではありません。そこにこだわるなら，かえってセキュリティ上のリスクが高まり，情報漏洩の危険が高まる場合のほうが多いでしょう。

　社会における組織の構造やその境界線は，近年，どんどん複雑になってきました。もちろん，形式的な組織の構造はなお明確に存在しています。しかし，組織の抱えている業務は実際にはプロジェクトごとに細かく区切られ，そこには組織の正式メンバー，委託業者，派遣スタッフなど，さまざまな立場の人たちが関わることが増えています。そうした状況では，組織の外部と内部とを隔てる機能的な境界線は，建物の物理的な境界線とは必ずしも一致しません。大事なのは，組織の建物の内部に情報が保管されているかどうかではなく，情報へのアクセス権限が誰にどの範囲まであるのかが明確にされているかどうか，そしてその権限に関して各人がしっかりと責任をもって行動できているかどうかということなのです。

　SNS だから個人情報保護や秘密保持に問題があるという見解は，そうした点で，問題を取り違えている見解であるように思われます。

（3）スタンプ連射のような相談にならないメッセージが押し寄せるのでは？

　中高生向けの LINE 相談を開くことへの危惧の一つに，同じスタンプをひたすら送信しつづけたり，「死ね死ね死ね」といった刺激的なワードをただただ送信しつづけたりするような，相

なぜSNS相談なのか？

談にならないアクセスが山のように押し寄せ，まともな相談ができないままに労力だけを奪われるのではないかというものがあります。正直，私たちもそのことを心配しました。これは実際にやってみないとわからないことだったからです。

後ほど紹介するように，実際，スタンプ連射や同じ言葉の機械的なくり返しなどの送信はありました。けれども，結果から言って，それはほとんど問題になりませんでした。アクセスの大半はきちんと言葉で自分の悩みを表現したものでした。単発のスタンプの使用でさえ，予想されたよりもはるかに少なかったのです。

つまり，アクセスしてきた中高生は，私たち大人が心配しているほど反社会的でも非社会的でもなく，悩み相談の趣旨を理解し，信頼して話してくれる存在だったのです。私たちは，実際にLINE相談を開始してみて，相談にもならないような送信ばかりが押し寄せたらどうしようと少しでも心配したことを恥ずかしく感じたほどです。

私たちは若者たちに「安心して，信じて，相談してきてね」と呼びかけながら，その若者たちが相談の趣旨を踏みにじるのではないかと不安に思い，信じ切ることができていなかったのです。相談を提供する大人のほうこそが，若者たちをもっと安心して信じることが必要なのです。

スタンプ連射や冷やかしのようなアクセスは，通常，決していたずらではなく，悪意のあるものでもありません。誰しも人に相談するのは不安なものです。見えない相手に自分の弱い部

分を晒して大丈夫なものか，不安にならない人はいないでしょう。だから，まずはスタンプを送ってみて反応を見ているのです。「あ」など一文字だけを何度も送信したり，「うんち」とか「ぷー」とかいったふざけた言葉を送信したりしていた子が，数日後に再びアクセスしてきて，まじめな相談を始めることもしばしばありました。

（4）相談が文字で残ることは負担ではないか？

　対面の相談や電話相談では，相談者の表現も，相談員の表現も，発したその瞬間に消えていきます。これとは対照的に，SNS 相談では，いずれの表現も文字として残り，後から読み返すことができます。このことは，ある種の人々にとってはいろいろな意味で懸念の対象になります。

　一つには，下手な対応をしたら，第三者の目にも触れうるかたちで，そのことがそのまま残ってしまうということがあります。スクリーンショットを撮って Twitter に流される可能性もありえます。しかしこれもまた，実は，対面のカウンセリングや電話相談でも同じなのです。相談者は密かに IC レコーダーで相談を録音しているかもしれません。下手な発言が晒されるリスクはどのような相談でもあることです。

　自分自身の悩みが文字として残るのは，相談者の心の負担になるのではないかと心配する人もいます。そのような可能性を否定することはできませんが，文字にして残ることにはそうしたデメリットを上回るメリットがあるということにむしろ注目

したいと思います。

　人は誰しも深く悩むと，非建設的な暗い考えをぐるぐると，長時間，反芻的に考えてしまいがちになります。対面のカウンセリングでも，同じ話を何度もくり返し，堂々めぐりになってしまうことはよくあります。本人は同じような話を何度もしていながら，堂々めぐりになっていることになかなか気づきません。けれども，こういう考えも，文字にしてみると，堂々めぐりになっていることが自覚されやすくなります。そうして，自然にブレーキがかかることが多いのです。

　認知行動療法と呼ばれる，近年よく知られるようになった心理療法では，相談者にさまざまな形式のシートに書き込んでもらう宿題がよく出されます。自分の思いを書くという行為によって，自分の考えに気づきやすくなり，気持ちが整理されやすくなるのです。

　精神分析療法という高度に専門的な心理療法を開発したフロイトも，友人のフリースとの文通を通してみずからの心を深く探究したそうです。このことは，自分の思いを文章にして表わし，それを読んだ相手からの文章を読むことで，心理カウンセリング的な作業が可能であることを示す一例だと言えるでしょう。

　このように，自分の思いや気持ちを文章で表現し，その文章やそれを読んだ相手からの文章を読むことは，心理カウンセリング的な作業を助けるのです。こうしたことを考えると，相談した文章のやりとりを何度も読み返すことができることは，むしろメリットとしてとらえられます。

3. SNS 相談に向けられがちな批判や疑い

　相談が文字で残ることをめぐる懸念は，文字で残ることのメリットを活かせるような仕方で相談できるかどうかの問題だと言い換えることができるでしょう。

(5) コミュニケーションの歪みがますますひどくなるのでは？

　ある先生が，学生たちに，2 人組になって向き合い，5 分間，自由に会話をしてみるよう指示したところ，学生たちは何をどう話したらいいか戸惑ってしまい，なかなか話がはずまなかったそうです。ところが，背中合わせになって，スマホの SNSアプリでテキストのやりとりをするよう指示したら，すんなりと 5 分間，楽しくやりとりができたといいます。

　こうした現象は，近年の若者のコミュニケーションの問題としてしばしば報告されています。若者と関わるさまざまな立場の人たちが，若者の対面コミュニケーションのスキルが低下していることを危惧しています。確かに，対面コミュニケーションにおいて，表情や声のトーンの微妙な変化を読み取ったり，間合いをはかったり，アイコンタクトで好意を伝えたり，ジェスチャーを交えて表情豊かに表現したり，などのスキルがかなり拙い人が増えているような気がします。

　若者におけるこうしたコミュニケーションの問題の元凶として，しばしば，コンピューターゲームとともに，LINE などの SNS が槍玉にあげられます。実際，コンピューターゲームと SNS の普及によって，若者の対面コミュニケーションの時間はかなり減少したと思われますので，こうした意見は理にか

なぜSNS相談なのか？

なっていると思います。

　若者の対面コミュニケーション能力の健全な発達を阻害している重要な元凶の一つがSNSにあるのなら，SNSで相談を受けることは，さらにその流れに拍車をかけることになるのではないか，という意見を聞くことがあります。

　こうした意見には共感を覚える面もあるのですが，だからSNSでの相談はしないほうがよいということにはならないと私たちは考えています。若者の対面コミュニケーションのスキルが低下していて，対面での相談に対する敷居が高くなっているのであれば，なおさら，若者が得意とするコミュニケーションの様式で相談をすることが必要だと考えます。

　実際，学生相談の現場でも，対面での会話がまったくできない学生と出会うことがあります。そうした学生も，パソコンを用いてチャットすると，なんとか対話できるのです。そのため，相談室にいてお互いに向かい合っていながら，パソコンを用いてチャットするという，ちょっと滑稽にも見えるような仕方でコミュニケーションをとるケースもあるのです。そうやって相手に歩み寄り，相手にとって負担の少ない方法で，まずつながりをつくるのです。こうしたことは，何も特別なことではなく，対人援助の基本だと思います。そこでできたつながりを足がかりにして初めて，対面でのコミュニケーションを助けることが可能になるのです。

　もちろん，若者の対面コミュニケーションスキルの低下という問題は重要な問題です。これを放置しておいてよいと考えて

いるわけではありません。ただ，これに対しては，学校教育の中でコミュニケーションスキルを高める訓練プログラムを提供するなど，もっと別の積極的な対策が必要でしょう。SNSでの相談をしないということが，この問題の解決に寄与するとは思えません。

4. SNS 相談のメリットとデメリット

　これまでの話の中において，すでに読者にはSNS相談のメリットとデメリットがかなり見えてきたことかと思います。ここであらためてSNS相談のメリットとデメリットを整理してみましょう。中でも特に，LINE相談に焦点を当てて考えてみます。

(1) LINE 相談のメリット

　まずはメリットからです。LINE相談のメリットをあげます（表1-1）。

表 1-1　LINE 相談のメリット

---

① 簡単にアクセスできるので，相談しやすい
② 心理的な匿名性が高いので，自己開示しやすい
③ 文字で残るので読み返して考えられる
④ 写真のやりとりが簡単にできる
⑤ 相談者のこれまでの相談履歴が参照できる
⑥ 対応に困ったとき相談員が他の相談員と協力して対応できる
⑦ ウェブ上の資料を用いながら相談ができる
⑧ こちらから積極的に情報発信ができる

なぜ SNS 相談なのか？

①簡単にアクセスできるので，相談しやすい

とりわけ若年層にとっては，LINE は，とてもアクセシビリティが高いメディアです。対面と比較しても，電話と比較しても，さらにはメールと比較してさえ，LINE のほうがアクセシビリティが高いと言えます。先に見てきたように，若者たちは電話やメールをほとんど使いません。普段使っている，慣れ親しんだツールで相談ができる。LINE 相談は，それだけ相談への敷居が低いのです。

これは LINE 相談の最大のメリットだと言えるでしょう。

②心理的な匿名性が高いので，自己開示しやすい

LINE の ID はスマホの電話番号に紐づけられています。このため，LINE は実はそれほど匿名性の高いメディアではないとも言えます。この点に関して言えば，実は電話のほうが匿名性は高いのです。電話は非通知でかけることができますし，公衆電話からかけることもできます。そのため，電話相談では，相談者が前に相談してきたことがあるのかどうか，あるとすればいつどんな相談をしてきたのかといったことがあまりわかりません。相談者自身が具体的に特定可能な情報を提示しないかぎり，声や話し方の特徴や相談内容の特徴など，かなり質的な情報から，以前に相談してきた相談者と同じ人物ではないかと推測することができるだけです。しかし LINE 相談では，アクセスと同時に，モニター上にその ID の相談者からの相談履歴が表示されます。

4. SNS 相談のメリットとデメリット

　とはいえ, 相談員にわかるのは LINE 上の登録名(ニックネーム)だけです。実際に個人を特定することはできません。性別も年齢もわかりません。性別や年齢を尋ねても, その答えが本当だとはかぎりません。電話なら声や話し方で性別や年齢はかなり推測できます。文字だけの LINE では, 性別や年齢を偽ることはより容易です。その意味では, LINE 相談は非常に匿名性の高いメディアであると言えます。

　つまり LINE も, 電話も, どちらも匿名性をもったメディアですが, その匿名性の中身はかなり違っているということです。

　匿名性の高さは, 個人的なことを話しやすくさせます。自分がどこの誰かがわからない気楽さは, 恥ずかしいことや, 言いにくいことを打ち明けやすくさせます。クックとドイル(Cook & Doyle, 2002)は, こうした現象を「抑制解除(disinhibiton)」と呼んで考察しています(中村, 2017)。この現象は相談においては基本的に促進的にはたらくでしょう。

　人には知られたくないような自分の一面をありのままに他者にさらけ出すことには, それ自体で治療的効果があるのです。そのとき, 相談者は苦しい思いをもはや一人ぼっちで抱えているわけではなくなるからです。どのようなストレスも, それを誰かと一緒に抱えることで緩和されます。孤独はそれ自体でストレスであるだけでなく, あらゆるストレスを高めてしまう悪化要因でもあります。だから, 自己開示を促進する「抑制解除」は, 心理カウンセリング上, 非常に重要なメリットなのです。

③文字で残るので読み返して考えられる

　相談が文字で残ることについては，すでに前節において取り上げました。LINE 相談は，後で読み返すことができるため，相談で得たことをしっかり根づかせることができるのです。ちなみに，認知行動療法と呼ばれる心理療法では，自分の内的な心の動きをワークシートに書き出して「外在化」することで，心の動きを客観的にふり返ることを援助していきます。LINE 相談では，相談のやりとりが文字で残ることで，同様の効果が期待できます。

④写真のやりとりが簡単にできる

　写真のやりとりが簡単にできることは，LINE らしい相談の可能性を広げます。リストカットをしているという相談者が，自分の腕の写真を送ってくることがあります。LINE いじめの場合，スクリーンショットを送ってもらうことができます。睡眠薬を多量に飲んでしまったという相談者の場合，飲んだ薬のパッケージの写真を送ってもらうこともできます。

⑤相談者のこれまでの相談履歴が参照できる

　②で少し触れたように，LINE 相談では相談を受け付けると同時に，その相談者の相談履歴がモニターの一部に表示されます。これは電話相談や対面相談では通常できないことです。これにより，これまでの相談内容をふまえた対応が容易になります。

4. SNS 相談のメリットとデメリット

⑥対応に困ったとき相談員が他の相談員と協力して対応できる

　LINE は文字だけのやりとりなので，相談員は対応に困った
とき，その場にいる他の相談員にヘルプを求めることができま
す。他の相談員に助言をもらいながら対応することができます。
電話相談でも相談員が他の相談員にヘルプを求めることはあり
えますが，通話中に他の相談員と話し合ったり，他の相談員が
電話口で声に出して助言したりすることは，通常，できないの
で，他の相談員が助言をメモに書いて示すなどの方法をとらざ
るをえません。LINE 相談では，この点においてより制約が少
ないのです。

⑦ウェブ上の資料を用いながら相談ができる

　LINE はインターネットにつながるメディアです。ですから，
ファイルを送信することもできますし，動画を送ることもでき
ます。ウェブ上にさまざまな有用な資料を用意しておけば，リ
ンクを送信するだけで活用できます。こうした LINE の特性は，
まだ十分に活かされていません。今後の研究と開発が求められ
ているところです。

⑧こちらから積極的に情報発信ができる

　LINE では，友だち登録してくれたメンバーにいっせいに
メッセージを送信することができます。またタイムラインに情
報を掲示し，閲覧してもらうこともできます。広く知っておい
てほしい情報をいろいろな仕方でタイムリーに発信できます。

31

この特性をどのように活用すれば効果的なのかについても，今後，まだまだ研究の余地があります。

（2）LINE相談のデメリット

次にデメリットです。LINE相談のデメリットをあげます（表1-2）。

表1-2　LINE相談のデメリット

> ① 簡単にアクセスできるので動機づけの低い相談者が多くなりやすい
> ② 心理的な匿名性が高いので，作話やひやかしがなされやすい
> ③ 相談者には相談員の性別も年齢もわからないのでイメージしにくい
> ④ 非言語情報が得られない
> ⑤ 言語能力が低い人の場合，相談が深まりにくい

①簡単にアクセスできるので動機づけの低い相談者が多くなりやすい

相談への敷居が低いということは，それだけ気軽にアクセスできるということです。そのため，LINE相談においては，変化への動機づけがそれほど高くない人の比率が高くなるものと推測されます。

②心理的な匿名性が高いので，作話やひやかしがなされやすい

また，心理的な匿名性の高さは，作話やひやかしを生じさせる条件でもあります。実際，LINE相談では，学校に行っていないという悩みを相談していた相談者が，翌日にはクラス委員としてうまくやれないという悩みを相談してきたりすることも

ありえます。

　もちろん，作話であったとしても，だからといってその相談は不真面目なものだとか，無意味なものだとかいうことにはなりません。作話の中に真実の相談者の思いや気持ちがちりばめられていることはよくあります。しかしなお，LINE 相談では作話の可能性が対面相談よりも高いであろうということは認識しておく必要があります。電話相談と比べてどうなのかは今のところ不明です。

③相談者には相談員の性別も年齢もわからないのでイメージしにくい

　LINE の匿名性を，相談者の側から見てみましょう。相談者にとっても，相談員がいったいどんな人なのか，男性なのか，女性なのか，いくつぐらいの人なのか，まったく見えません。どんな表情でやりとりしているのかもわかりません。スマホの画面の向こうにいる相談員がイメージしにくいのです。

　このことは，誰かに話を聴いてもらった，受けとめてもらったという実感を弱めてしまうでしょう。それゆえ LINE 相談では，相談員は，通常の対面のカウンセリング以上に，そして電話相談以上に，自分の非言語的な反応を言葉にして伝える必要があると思います。もちろん，それは，相談者のために，相談者の役に立つだろうと考えられるものに限られます。何でもかんでも思ったことを言葉にすればよいというわけではありません。とはいえ，相談者の役に立つと思える場合には，積極的に生き生きした反応を言葉にしてはっきり返すことが必要でしょ

う。そうすることで，モニターの向こうには生きた人間がいるんだとイメージしてもらえるようにするのです。

④非言語情報が得られない

非言語情報が得られないというデメリットについては，ここまでのところでもしばしば触れてきたとおりです。確かにこれは大きなデメリットです。LINE では心理的に意味のある相談なんてできないと主張する人が一番に指摘するのはこの点です。

対面のカウンセリングをしている人にとっては，非言語情報なしに相談をするなんて，利き腕を縛られてフェンシングをするようなものだと感じられるでしょう。どうしてわざわざそんな不利な，不自由な，やりにくい条件で試合をする必要があるのかと感じられるでしょう。

けれども，もしそういう条件でしか相手がフェンシングをしてくれないのなら，私たちは利き腕を縛られてでも，フェンシングをするほうを選びます。私たちがやりやすい条件でやれるかどうかは重要な問題ではありません。相手がどのような条件で関わりたがっているかこそが重要な問題なのです。

このことは，あらゆる対人援助の基本中の基本だと思います。

⑤言語能力が低い人の場合，相談が深まりにくい

LINE 相談は，基本的にとても言語的なものとならざるをえず，それゆえ，言語能力が低い人の場合には相談が深まりにく

い可能性があります。込み入った状況を他者にわかりやすく説明するのはなかなか難しいことです。複雑な感情を表情や声のニュアンスなしで言葉だけで伝えるとなると，かなりのレトリック能力が求められます。「つらい」「うざい」「キモい」といったかなりシンプルな言葉ばかりが送信される場合，そのことは相談者の感情の状態だけを反映するものではなく，言語能力の要因を反映しているのかもしれません。

　ここでも，だからと言って，その相談は無意味だとか，役に立たないとかいうことではありません。ただそういう可能性をふまえておくことが必要だと言いたいだけです。

5.　海外における SNS 相談の動向

(1) アメリカにおける SNS 相談

　本章の最初のほうで，わが国においては SNS 相談の導入が遅れているという話をしました。それでは諸外国ではどうなのでしょうか？　とりわけ心理カウンセリングの先進国であるアメリカ合衆国ではどうなのでしょうか？

　アメリカ合衆国では，2013 年に「クライシス・テキスト・ライン」という SMS（ショート・メッセージ・サービス；携帯電話で送信できる短い文字のやりとり）による悩み相談が開設され，全米でサービスを展開しています。24 時間，毎日，相談可能で，どんな悩みにも対応します。対応しているのはボランティアの相談員です。

設立者のナンシー・ルービンは，もともと「ドゥー・サムシング」という，若者たちにこの社会をよくしていこうと呼びかけ，行動をうながす，非営利団体の最高責任者でした。その団体はSMSで会員とメッセージをやりとりしていたのですが，そこに会員から悩みが寄せられることが増えてきたのだそうです。あるとき，「あの人がレイプをやめてくれない」「誰にも言うなって言われた」「誰か聞いてます？」「あの人っていうのは，お父さんなんだけど」という一連のメッセージが送られてきました。彼女は，このことが「クライシス・テキスト・ライン」を創設するきっかけになったと語っています。

2018年4月のウェブ上の情報によると，クライシス・テキスト・ラインは創設以来，6千500万のメッセージをやりとりしており，現在，1か月に200万のメッセージをやりとりしているとのことです。

その相談者の75％が25歳以下の若年層です。日本だけでなく，アメリカでもやはり，若年層のコミュニケーションメディアは音声通話から文字のやりとりに移行しているのです。

クライシス・テキスト・ラインの最もすごいところは，送信されたメッセージをコンピューターで瞬時に分析し，それを相談の進め方に直接的に反映させていく点にあります。一度に多くの相談が寄せられた場合には，「自殺」や「死」などの赤信号ワードが含まれたメッセージを優先的に相談員に振り当てていきます。そのため普段の8倍のメッセージが送られてきたときでも，これらの緊急度の高い相談を平均39秒で相談員につ

なぐことができたそうです。

　また，相談の最中にも相談者が使っている言葉をコンピューターがリアルタイムで分析し，「相談者がリストカットしている可能性は99％」「次の質問候補の中からどれか選んで質問してみて」といったアドバイスを相談員のモニターにポップアップさせるのです。

　相談データの分析から，どのような対応が効果的かということも示されています。それによれば，相談者の強さを伝える応答は，相談者から高く評価されます。たとえば「こうしてメッセージを送信できたってことは，あなたには勇気があるんだね」といった応答です。また，データが示す効果的な3つの言葉は，「勇気」「賢い」「誇り」です。

　1回の相談時間は平均1時間ぐらいで，自殺念慮がある場合はより長くなります。また，相談員はどこかの部屋に詰める必要はなく，インターネット環境のあるところならどこででも相談を受けることができます。

　クライシス・テキスト・ラインでは，月に200万のメッセージのやりとりという膨大なデータからさまざまな有用な情報を抽出しています。ウェブ上に公開されているデータから，いくつかの知見を紹介しましょう（表1-3）。

　こうした情報は，さまざまな心の問題を理解するうえでも，悩みを抱える人たちを助けるための手立てを考えるうえでも，とても有用な基礎資料となるでしょう。

　クライシス・テキスト・ラインは，文字ベースの相談システ

なぜ SNS 相談なのか？

表1-3　クライシス・テキスト・ラインのビッグデータから得られた知見

- いじめを体験している相談者の 30％がうつを，28％が自殺企図を体験している
- いじめの相談は週のうちでは水曜日が最も多い
- いじめの相談は 1 日のうちでは午後 5 時が最も多い
- 自殺企図を体験している人の 40％がうつを体験している
- 自殺企図の相談は週のうちで日曜日が最も多い
- 自殺企図の相談は 1 日のうちでは午前 5 時が最も多い
- 摂食障害を体験している相談者の 29％がうつを，24％がストレスを体験している
- 摂食障害の相談は，午後 8 時が最も多い

ムとして，非常に先進的なものだと思います。

　クライシス・テキスト・ラインは SMS を用いた相談ですが，Whatsapp（ワッツアップ）や Snapchat（スナップチャット）といった SNS による相談も普及しているようです。

（2）情報通信技術を利用した心理援助の効果の研究

　SNS を含む情報通信技術を用いた心理援助が，アメリカではかなり活発に行なわれていることをご紹介しました。しかし，その効果についてはどうなのでしょうか。ここでは，そうした心理援助の効果についての研究の動向を簡単に見ておきましょう。

　これまでの研究が示すところによれば，多くの相談者が電話やインターネットによる非対面の心理援助にとても満足しています。また，対面の心理援助と比較して，相談員と相談者

の信頼関係や情緒的な絆の質が劣ることを示す明確なエビデンスも示されていません（Cook & Doyle, 2002）。ますます多くの研究が，情報通信技術を用いたセラピーのプログラムは高い効果をもたらすことができ，対面の援助と変わらない成果をあげていることを示しています（Barak et al., 2008; Leach & Christensen, 2006; Cuijpers et al., 2010; Johansson et al, 2017）。

SMS を用いた介入に効果があることを示す研究もいくつも重ねられてきており，おおむね肯定的な結果が示されています。

このような研究知見をふまえると，「LINE などの SNS で本当に有効な相談ができるのか」という問いはもはや過去のものとなっているということがわかるでしょう。現在の文脈においてより適切な問いは「どのようにすれば，SNS の特性を活かしたより有効な援助が提供できるのか？」にすでに移行しているのです。

6. LINE 相談の実践経験から

以上，SNS 相談に関わるさまざまな論点について見てきましたが，最後に私たち自身の実際の経験から LINE 相談について述べてみたいと思います。実際に LINE 相談を実施してみてどういう手応えがあったのか，何がわかったのか，相談者の反応はどうだったのかなど，最も重要だと思われるポイントを概観しておきましょう。具体的な相談方法や相談内容については，

第2章以降で詳しく述べます。

（1）中高生の LINE 相談へのニーズは非常に高い

　詳細は第2章に譲りますが，連日，非常に多くの相談が寄せられました。想定していたよりもアクセスははるかに多く，アクセスしてくれた中高生の約30％にしか対応できませんでした。開始後2日目には「LINE 相談にちっともつながらない」という苦情さえツイートされました。それほど期待と関心が寄せられたという証です。

　私たちは，中高生において LINE を用いた相談へのニーズがいかに高いかをあらためて認識しました。

（2）LINE での相談は有効である

　カウンセリングの専門家の中には，LINE という媒体によって相談を受けることの有効性を疑問視する人も多いです。実際，LINE で相談を受けることは危険であると警告する専門家さえいます。

　しかし，実際に相談を受けてみて，LINE による相談は可能であり，有用であるということが実感できました。もちろん，LINE による相談は対面による相談と同じではありませんし，それに取って代わることができるものでもありません。LINE は非常に敷居が低いためにひやかし的な相談や，焦点がはっきりしない訴えが比較的多いというのも事実です。しかし，こうしたことは LINE では相談は不可能であるということを意味す

6. LINE相談の実践経験から

るものでは決してありません。実際,寄せられた相談の多くは,しっかりとした問題意識を伴う真剣な相談でした。LINE上で有意義なやりとりを展開するのも十分可能であることがわかりました。

　簡単にいくつか例をあげましょう。たとえば,「死にたい」と訴える相談者の相談です。相談員がていねいな対話をするうちに「死にたい」という発言は徐々に影を潜め,3時間ほどの対応の後に,「明日も相談していい?」「ありがとう,おやすみ」と発言してセッションを終えられたのです。

　死にたいと訴える別の相談者も,相談員が1時間あまり対応する中で「死ぬのはやめる」と言ってくれました。

　「人格障害で,ときどきリスカ(リストカット:手首をカッターなどで切ること)してしまいます」「リスカをやめたいです」といった相談もありました。相談員は,相談時間の終了まで,ほぼ4時間にわたって対話しました。当然のことながら,こうしたメンタルヘルス上の問題が4時間のLINEの対話で解消するわけではありません。しかし,相談を終えるにあたり,相談員が「相談してみてどうでしたか」と尋ねると「少しスッキリしました。一人で抱えてたものが少し軽くなりました。本当にありがとうございました」という答えが返ってきました。

　以上のような実例から,かなり深刻な訴えをする相談者に対してもLINE相談には一定の効果があることがわかります。

　他にも,多くの相談者から感謝の言葉や励ましの言葉をもらいました(表1-4)。

41

なぜ SNS 相談なのか？

表1-4　相談者から寄せられた肯定的なメッセージ

- ・相談してよかったです
- ・思っていたより話しやすかった
- ・また相談してもいいですか？
- ・LINE 相談をこれからもやってほしい
- ・こんなこと，誰にも言えなかったです
- ・はじめて大人にきちんと悩みを聴いてもらえた
- ・こんなに真剣に答えてくれるなんて思ってなかったのでとても驚きました
- ・とても役に立ちました

　現場の相談員の感想も紹介しておきましょう。実際に相談にあたった現場の相談員の感想は，相談の有用性を判断するうえで非常に重要なデータだからです。いくら政治や行政に携わる人たちが SNS による相談が必要だと考えたとしても，現場の相談員が手応えを感じないのであれば，事実上，あまり意味がないと考えられます。今回，相談にあたった相談員へのアンケート調査から，いくつかの回答を紹介しましょう（表1-5）。相談員の多くが SNS による相談に手応え，やり甲斐，満足感を報告しています。

表1-5　相談員から寄せられた感想

- ・機会があればぜひまたやってみたい
- ・SNS 相談のニードは必ずある，必要なシステムだと感じた
- ・子どもたちと一緒に考えることができて楽しかった
- ・SNS 相談は難しい面もあるが，やり甲斐も感じた

6. LINE 相談の実践経験から

　ここからも，SNS 相談が中高生の相談者に実際に役立った
ことがおわかりいただけると思います。

（3）LINE に適合したカウンセリングの技術が必要である

　相談対応の技術面に関しては，LINE というメディアの特性
に合わせた工夫がやはり必要であると感じました。これは，従
来の心理カウンセリングの技術や視点がまったく役に立たない
という意味ではありません。心理カウンセリングの技術や視点
は，基本的にやはりとても有用であり，LINE 相談においても
必須の基礎となるものだと思います。それは実際の LINE 相談
の経験からはっきり言えることの一つです。

　しかし，瞬間，瞬間に消えていくものである音声とは異なり，
文字はモニター上にとどまります。また表情やうなずきやあい
づちなどの非言語的なコミュニケーションが LINE にはほぼあ
りません。当然のことながら，こうしたことは，技術の調節を
要求します。

　どのように調整する必要があるのか，私たちは事前にロール
プレイを重ねて検討しました。そうして LINE の特性を考慮し
た相談マニュアルを作成したのです。しかし，実際に相談が始
まり，中高生からの LINE 相談を経験するにつれて，相談マニュ
アルにはさらなる修正が必要だと感じるようになりました。

　LINE 相談における対応技術の工夫については，第 3 章にお
いて詳しく考察します。まだまだ開発の余地はあると思います
が，現時点における私たちの考えを示します。

相談員のコラム❶

相談初日に飛び込んできた子どもたちからの問い

「長野県の夏休みはどうして日本で一番短いのですか？」

その問いかけは「ひとりで悩まないで@長野」の初日の相談対応が始まって1時間が過ぎたころ，唐突に投げかけられました。狭い相談室に緊張が走ります。なぜなら関西カウンセリングセンターの相談員は全員関西在住です。長野県の夏休み事情に明るいスタッフがいるはずもありません。

相談期間が始まる前は，いじめや不登校などの相談を想定して身構えており，まさか夏休み期間についての相談がくるなどとは夢にも思っていませんでした。

そもそも相談員は，「相談者の話に寄り添って話を聴く」ということを徹底して訓練されています。相談者の質問にも，こちらから答えを出さず，相談者が自分自身で答えを見つけていけるようサポートするものです。ところが，この相談者ははっきりと答えを求めています。普段の相談とは調子が違います。

幸いその日は，長野県職員の方がたまたま現場にいてくださいましたので，私は勢いこんで質問しました。

「長野県の夏休みはどうして日本で一番短いのですか？！」

「えっ，なんでだろ…」

職員の方がそう言った瞬間，現場は静まりかえりました。

「困ったぞ…長野県の方にすらわからないことを私たちがわかるはずもないじゃないか」

よく考えると当然なのですが，長野県に住んでいるからといって学校の夏休みの長短に詳しいとは限らないのです。「教育委員会に訊いてみます！」職員の方は携帯を片手に足早に相談室を出て行かれました。

もう少し待てば理由がわかるかもしれない。頭ではそう理解しつつも焦りで手に汗がにじみます。こうしている間も相談者は画面の向こうで「答え」を待っているのです。夏休みといえば子ども時代の一大イベントです。一日でも長ければ嬉しいです。「ずっと続いてほしい！」とさえ思います。その夏休みがどうやら自分たちだけ短いらしい。これは由々しき問題です。そのとき，冷静な自分が一瞬「夏休みが数日短いくらいなんだ」とささやきます。ですがどんな些細

44

相談員のコラム❶　相談初日に飛び込んでき子どもたちからの問い

な内容であっても，直面している当人にとっては誰かに話してスッキリさせたい重要な問題なのです。これまでの対面相談の経験から学んできたことです。そのとき，「あの，こっちにも同じ質問がきたんですけど…」。

さらに別の相談員のところにも同じ質問が投げかけられてきました。もはや現場はどよめくしかありません。

「そうだ，こういうときはインターネットだ！」そう思って検索してみます。すると「長野県の夏休みは日本一短い」という事実こそヒットするものの，肝心の「なぜ」の部分についてははっきりしません。「本当に短かったんだ…」と驚くとともに，「もしかして冬休みが全国平均より長いからかな？」と思いつきます。相談者にその点を質問してみるも，そうでもないということがわかりました。地域限定○○休みもないようです。

確認の電話を終えて戻られた長野県職員の方によると，かつては稲刈り休みなどがあったそうですが，時代とともに消滅した一方で，夏休みは短いままの状態が続いているとのことでした。結果，「長野県の夏休みはどうして日本で一番短いのか？」に対する明確な理由は相談対応時間内には見つかりませんでした。

私は絞り出すように「あなたの理不尽な思いは長野県の教育委員会に必ずお伝えしますね」とお伝えしました。相談者からは「ありがとう」と言ってもらえました。でも私は申し訳なく感じました。スッキリ解決させてあげることができなかったからです。

「長野県の夏休み問題」は初日に3件の質問がきたのを最後に，その後，1件もくることはありませんでした。しかし，今後こういう質問が出たときのためにと，長野県の職員の方々がたくさんの資料を作って送ってくださいました。

ともすれば「あきらめてください」で終わってしまう日常の疑問に対して，複数の大人がよってたかって必死に解決しようとしたのです。その光景は，私の記憶に刻まれています。それは，ある種滑稽でありながら，それでいて「なんてあたたかい現場なんだ」と頬を弛ませてくれる大切な記憶です。

SNS相談は普通の相談場所です。従来実施されているスクールカウンセリングや電話相談と中身はなんら変わりません。同じものがSNSという形態をとることで，子どもたちに認知されるなら嬉しいことです。子どもたちが少しでもより安心で心豊かな日常を暮らせるよう願っています。

河越頌子
（公益財団法人関西カウンセリングセンター）

LINE相談に寄せられる中高生の悩み：統計データから

1. 相談の概要

　本章では，長野県が2017年9月に実施したLINEのトーク機能による中高生対象の悩み相談「ひとりで悩まないで@長野」の実際を，主に統計的な資料に基づいて分析していきます。

　まずはじめに，「ひとりで悩まないで@長野」の相談の概要を見てみましょう（表2-1）。

　序章でもふれたように，実施期間は，夏休み明けの9月10日からの2週間です。中高生が相談しやすいよう，相談時間は

表2-1 「ひとりで悩まないで@長野」相談体制の概要

```
実施期間：2017年9月10日〜9月23日（14日間）
相談時間：17:00〜21:00
対象学校数：中学・高校を中心に約300校
対象生徒数：約12万人
友だち登録者数：2,750人（開始時）〜2,950人（終了時）
相談員体制：10人（10回線）＋　管理者1名
相談員の総数：38人
```

LINE相談に寄せられる中高生の悩み：統計データから

中高生の下校後にあたる夕方，17時〜21時の4時間と設定されました。長野県下の約300校の中高生12万人が対象で，それらの生徒には相談用のLINEのアカウントを示したQRコードが記載された名刺サイズのカードが配布されました。

相談開始時点で友だち登録者は2,750人でしたが，相談期間中に少し増え，終了時点では2,950人でした。これは対象となる生徒の約2.5％です。友だち登録をした中高生には，トークやタイムラインを通して，相談の期間や時間などの基本情報，相談にあたっての注意事項，中高生の悩みランキングなどの情報が発信されました。実際の相談実施に先立つこうした情報発信は，相談への心構えを形成したり動機づけを促進したりするうえで，とても重要なものだと思います。

さて，相談に向けて準備していくにあたって私たちが直面した問いは「これらの友だち登録者のうち，はたしてどのくらいの人が実際に相談してくるのだろうか？」というものでした。自治体が中高生向けにLINEで行なう相談事業は前例がないことでしたので，この予想はとても難しいものでした。

ちなみに，長野県教育委員会の電話による悩み相談に寄せられる相談は，全体で1日平均1.8人，保護者等を除く児童生徒からの相談では1日平均0.7人（2016年度）でした。私たちは，LINEを用いた相談であればもっとたくさんの相談が寄せられるだろうと考え，10回線を用意することにしました。

相談員は38人の体制でした。38人がシフトを組んで，10回線，14日間の相談に対応したのです。現場の相談スタッフは，

毎日 10 人の相談員に加えて，管理者 1 人がいました。

2. 相談活動の主な統計データ

「ひとりで悩まないで@長野」の相談活動に関わる基本的な統計データを表 2-2 に示します。以下，これらの数字の意味について考えていきましょう。

表 2-2　基本統計

相談アクセス数（期間全体）：2,633 件（1,431 人）
相談アクセス数（時間内）：1,579 件（900 人）
相談対応数：547 件（390 人）
対応できた相談者の 1 人あたりの相談回数：1.4 回
1 件あたりの平均相談時間：54 分
1 件あたりの平均吹き出し数：73 回
1 件あたりの最大吹き出し数：606 回

（1）アクセス数

まずは相談アクセス数です。2 週間の実施期間中にこのアカウントに寄せられたアクセスは，2,633 件でした。1 人が何度もアクセスしているので，その重複を除いて人数で数えると，1,431人です。非常に多くの中高生がアクセスしてくれたのです。

17 時〜21 時の相談時間内に限るとアクセスは 1,579 件，人数は 900 人です。1 日あたりで考えると，112 件，64 人ということになります。

LINE相談に寄せられる中高生の悩み：統計データから

　当然のことながら，10回線では対応しきれません。実際に対応できたのは，これらのアクセスのうちの一部とならざるをえず，多くの相談者には「今，相談が混みあっているのでつながりにくくなっています」といった自動応答のメッセージがくり返し流されました。しかし，まずここで認識しておきたいのは，非常に多くの生徒がLINEでの相談に興味を示し，実際にアクションをとったということです。

（2）対応数

　このように多くのアクセスが寄せられる中，実際に対応できた件数を見てみましょう。これらのアクセスのうち，対応につながったのは547件でした。くり返し何度も対応できた人もいますので，重複を除いて数えると，390人です。2週間という期間の中で，547件，390人の相談に応じることができたということです。

　アクセスの多さから考えると，この数は決して満足できる数ではありません。実際に対応できたのは，アクセスしてきた1,431人のうちの390人にすぎません。3割にも満たない数字です。とはいえ，この数字は，従来の電話やメールでの相談体制における相談件数と比べて，圧倒的に大きい数字だということを認識しておくことが必要でしょう。

（3）電話相談とLINE相談の相談件数の比較

　長野県教育委員会における電話とメールでの相談の場合，児

2. 相談活動の主な統計データ

表 2-3　電話・メールでの相談と LINE 相談の件数比較（1 日平均件数）

電話・メールでの相談	LINE での相談
対応数　0.7 件	アクセス数　112.8 件 対応数　　　39.1 件

童生徒からの相談件数は 1 日平均 0.7 件（2016 年度）です。今回の LINE 相談の場合，1 日平均は相談時間内のアクセス数で 112.8 件，対応数で 39.1 件です。比較してみると，LINE での相談へのニードがいかに高いかがわかるでしょう（表 2-3）。

(4) 平均相談回数

　今回の相談期間は 2 週間という短い期間でしたが，その間に複数回相談した相談者がかなりの割合でいることにも注目しておきましょう。反復回数の内訳については後ほどまた詳しく見ていきますが，ここでは 1 人あたりの平均相談回数に注目します。1 人あたりの平均相談回数は 1.4 回です。アクセスが混み合い，アクセスしても対応にまでつながらないことも多かった中で，対応にまでいたった相談者は，平均 1.4 回相談しているのです。相談してみて満足度が低ければ，2 週間の間にもう一度相談しようとは思わないでしょう。この数字は，LINE 相談を受けた相談者のかなりの割合の者が相談に手応えを感じていることを示すものだと思います。

LINE相談に寄せられる中高生の悩み：統計データから

(5) 相談時間と吹き出し数

1件あたりの平均相談時間は54分でした。これを見ても，ただの冷やかしや，いたずらなどではなく，中身のある相談が多かったことがわかると思います。1件あたりの平均やりとり数（相談者と相談員の吹き出しの合計）は73でした。この数字もまた，多くの相談が中身のあるものであったことを示しています。最もやりとりが多かった相談では，やりとり数は606にまで及んでいます。

吹き出し数についてさらに見ていきましょう（表2-4）。相談期間中の総計で，相談者の吹き出し数は約2万3千回，相談員の吹き出し数は約1万6千回でした。相談者のほうが相談員よりも1.4倍多く発言しています。

一般に心理カウンセリングでは，相談者のほうが多く発言するものです。ちなみに，お説教の場合，相談した人よりも，相談を受けた側が多く発言します。ここでの統計の数値は，LINE相談員の対応が心理カウンセリング的なものであったことを裏づけています。

以上，「ひとりで悩まないで＠長野」の主な統計データについて考察しました。これらの統計データから，中高生がLINE

表2-4　実施期間中の吹き出し総数

相談者の吹き出し数：23,447 回
相談員の吹き出し数：16,271 回
総吹き出し数：　　　39,718 回

52

での悩み相談を求めていること、そして LINE 相談が実質的な相談としてしっかり機能していたことが読み取れたと思います。

3. さらに詳しい統計データの考察

ここまで基本統計を考察してきました。以下に、さらに詳しい統計を見てみたいと思います。

(1) 男女比

今回の相談者（対応できた人）の男女比については男性 27％、女性 59％、不明が 14％ でした（図 2-1）。男女比では女性が倍以上ということになります。多くの悩み相談において、相談者には女性のほうが多いことが知られています。今回の相談活動でもあらためてそれが確認されました。

この統計には、「男性は強くあらねばならない」というジェンダー的なステレオタイプが反映されているものと考えられます。ジェンダーフリー化が進行した現代においてなお、中高生の年齢層においてすでに、そうしたジェンダー的ステレオタイプが根強く存在しているのです。

しかし実際には、相談することは決して弱さの表われではありません。相談することは、不適切な依存でも過度の依存でもありま

図 2-1　男女比

ん。むしろ相談することは，勇気と賢明さの表われです。依存の程度を下げるほど自律の程度が上がるというものではないのです。適切な依存と適切な自律とは手に手を取って発達するものです。

男性の自殺率は，すべての年齢層において女性より高く，20代〜60代では倍以上です。男性がもっと相談するようになれば，男性の自殺はもっと減ることでしょう。「強くあらねばならない」という過度に自律的な硬い考えは，文字通り致命的なものなのです。

(2) 学年比

相談者（対応できた人）の学年比を見てみます（図2-2）。高校生が48％と，半数近くを占めました。中学生は32％でした。こうした年代的な違いについては，どう意味づければよいのか，

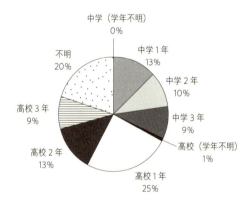

図 2-2　学年比

よくわかりません。LINE相談は，発達的に，高校生年代により適合しているのかもしれませんが，確証はありません。今後の検証が必要でしょう。

(3) 相談時間内アクセス件数と対応件数の推移

相談実施期間中（2週間）の，相談時間内アクセス件数と対応件数の推移を見てみましょう（図2-3）。アクセス件数は初日が最大の378件，最終日が最小の34件で，ほぼ右肩下がりに推移しています。対応数は最初の数日が若干多く，60〜40件，2週目はほぼ30件台で横ばいです。

おそらく，LINEによる悩み相談を行なうというメディア報道などに接して，好奇心をもってアクセスしてくれた中高生がたくさんいたのでしょう。最初の数日は，3倍〜6倍の倍率で，なかなか対応につながらない状況でした。しびれを切らせた相

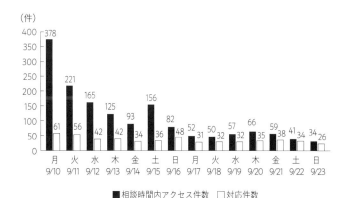

図2-3 相談時間内アクセス件数と対応件数の実施期間中の推移

LINE相談に寄せられる中高生の悩み：統計データから

談者から,「ひとりで悩まないで@長野,ずっと混み合ってて相談できないじゃないか！」というツイートが発信されたこともありました。

しかし数日のうちにアクセス数は低下していきました。もしかすると,最初のうち何度かアクセスしてくれた人が,つながりにくいことに嫌気がさして,アクセスしなくなったせいかもしれません。あるいは,最初の物珍しさの気持ちが冷めていったせいなのかもしれません。とはいえ,最終日にいたっても,依然としてアクセス数は対応数を上回っています。2週間を通して,（タイミングにもよりますが）10回線では対応できないほどのアクセスが,毎日,寄せられたのです。毎日,10人の相談員は,4時間,ほぼフル稼働で相談に応じました。それでもなお,せっかくアクセスしてくれたのに相談にいたらなかった相談者が大勢いたのです。そのことはとても残念です。その一方で,この統計を冷静に受けとめれば,単なる好奇心や暇つぶしではなく,相談を求める真剣なニーズが中高生の間に少なからずあることがわかります。

（4）アクセス回数の分布（全体）

相談実施期間中の総アクセス回数は,先ほど述べたように,2,633件でした。1人が何度もアクセスしているので,その重複を除いて人数で数えると,1,431人です。この1,431人は,それぞれこの期間に何回アクセスしているのでしょうか？ これを調べるために,1人あたりのアクセス回数の分布を調べてみました

3. さらに詳しい統計データの考察

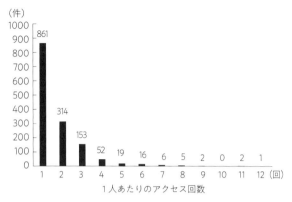

図 2-4　実施期間内の 1 人あたりのアクセス回数ごとの件数

（図 2-4）。

　最も多いのは 1 回かぎりのアクセスで，全体のおおよそ 60％にあたる 861 人です。2 回～ 6 回まではアクセス回数が増えるほど人数が急激に減っていく右肩下がりのグラフになります。アクセス回数 7 回以上になってくると，一桁台でゆるやかに下がっていきます。

　570 名（40％）が，2 週間の実施期間中に 2 回以上アクセスしてきたということに注目しておきたいと思います。10 回以上くり返しアクセスしている相談者もいます。切実に相談を求めている人がいるということです。

(5) 相談回数の分布

　対応へとつながり，相談できた 390 人の相談者は，この 2

LINE相談に寄せられる中高生の悩み：統計データから

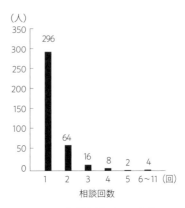

図2-5　相談回数ごとの人数

週間の期間中に何回相談したのでしょうか？　もちろん，この2週間を通して，タイミングによってはアクセスしても対応につながらないこともありましたので，そうした制約のもとでの数字です。図2-5にその回数ごとの相談者の人数を示します。

1回のみという相談者が圧倒的に多く，296人でした。その一方で，くり返し相談した相談者も多く，94人，おおよそ4分の1の相談者がくり返し相談しています。2週間の間に6回以上相談した相談者も4人いました。

(6) 相談時間

対応につながった547件の相談は，それぞれ何分間くらいの相談だったのでしょうか？　相談に要した時間を9つのカテゴリーに区切り，それぞれの相談件数を出してみました（図

3. さらに詳しい統計データの考察

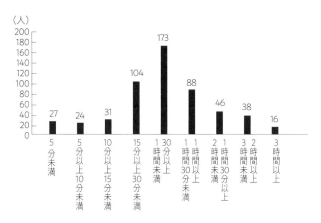

図 2-6　相談時間のカテゴリーごとの人数

2-6)。

30 分以上 1 時間未満が 173 件と最も多く，このカテゴリーだけで全体の約 3 分の 1 を占めます。1 時間を超えない相談を合計すると 359 件で，全体の約 3 分の 2 になります。一方で 3 時間を超える長時間の相談が 16 件（約 3％）あります。少ないながらも無視できない数です。

LINE 相談は，対面や電話のような音声言語による相談と比べて，やりとりに時間がかかります。いくら中高生のフリック入力の速度が速いとはいえ，音声言語の即時性と比べれば，同じやりとりをするにもより多くの時間がかかることは否定できません。加えて，発した瞬間に消えていく音声言語とは違い，画面上に文字としてずっと残る LINE 相談の場合，相談員の側は言葉を選ぶのにより慎重になる傾向があるでしょう。結果的

LINE相談に寄せられる中高生の悩み：統計データから

に相談時間は長くなりがちです。とはいえ，あまり長時間に及ぶと，相談者も相談員も集中力が低下してきます。この点をどのように考え，どのように工夫していくかは，今後の検討課題となるでしょう。

(7) 相談内容

最後に，相談内容をカテゴリーごとに集計したものを見てみましょう（表2-5）。比率の高いものから順に並べてみました。ただし，相談内容が不明確な「その他」「無応答」「ひやかし」

表2-5 相談内容

項目	件数	比率
交友関係・性格の悩みに関すること	119	22%
恋愛に関すること	83	15%
学業・進学の悩み	48	9%
いじめに関すること	45	8%
学校・教員の対応に関すること	45	8%
家族に関すること	27	5%
性・身体のこと	11	2%
相談終了後のお礼	7	1%
不登校に関すること	3	1%
その他（「雑談」「相手側の都合，終了時刻間際などのため不明」など）	77	14%
無応答	56	10%
ひやかし	26	5%

3. さらに詳しい統計データの考察

の３つのカテゴリーについては，その件数にかかわらず，別に
まとめてあります。

　相談内容を検討するにあたって，まずお断りしておきたいこ
とは，実際には，多くの相談は複数のカテゴリーにまたがって
おり，相談内容をカテゴリー分類することはそんなに簡単では
ないということです。「性格が暗いからみんなから嫌われてい
る，家族に話しても怒られるだけ」といった相談を，性格・人
間関係の相談とするのか，いじめの相談とするのか，家族に関
する相談とするのかは，なかなか難しい判断となります。また
この判断は，相談員の側の話の聴き方によっても変わりうるも
のです。このことを理解していただいたうえで，相談内容の統
計を検討していきたいと思います。

①内容ごとの検討

　一番多かったのは，「交友関係や性格の悩み」です。このカ
テゴリーはかなり多様な内容を含むので，一番多くなるのも当
然だと言えるでしょう。友だちから傷つくことを言われた，部
活でもめごとがある，人に話しかけるのが苦手，などの比較的
健康的で日常的な悩みから，死にたい，リスカしてしまう，過
食してしまうなど，メンタルヘルス上の問題が示唆されるよう
な深刻な悩みまで，非常に幅広い内容がここに含まれます。

　次に「恋愛に関すること」が続きます。告白されたがどうし
たらいいかわからないとか，好きな人の名前を友だちに言った
ら広まってしまったとか，中高生という年代にはつきものの恋

61

LINE相談に寄せられる中高生の悩み：統計データから

愛をめぐる悩みです。こうした悩みは，親には相談しづらい悩みでしょう。恋愛の悩みと聞くと，軽い相談だと思われる人もあるかもしれませんが，決してそうとばかりは言えません。恋愛から深刻な人間関係のトラブルやいじめが発生したり，それがもとで死にたい気持ちが出てきたりすることは非常によくあります。それは若者でも，大人でもそう変わらないのではないでしょうか。しばしば刑事ドラマで語られるように，恋愛，金，怨恨は，昔から深刻なトラブルのもとなのです。

3番目は，「学業・進学の悩み」です。希望どおり進学できないのではないかという不安，進路についての親との意見の不一致，効果的な勉強の仕方がわからないという悩みなど，中高生の年代において，とても切実な悩みです。

以上3つのカテゴリーを合わせると46%と，おおよそ全体の半分近くを占めます。

その次に位置するのが「いじめに関すること」で，全体の約8%でした。いじめに関する相談というのは，かなり内容的に焦点を絞られたカテゴリーではありますが，それでもなお，ここにもかなり幅広い内容が含まれます。「いじめられている」と明確な訴えがありながら具体的な内容が浮かび上がってこない相談もあれば，友だちグループからはずされた，「死ね」と言われたなどの具体的なエピソードが述べられるものもあり，また過去に受けたいじめが思い出されてつらいというようないじめによる心の傷についての相談もあります。

次に，「学校・教員の対応に関すること」です。ここには，

たとえば学校の生活指導が不合理だ，教員が一方的に押しつけ的な指導をしてくる，といった悩みや不満が含まれます。こじれて深刻化すれば，スクール・ハラスメントに発展する可能性もある問題領域です。

「家族に関する相談」は，親とケンカしてしまう，親が理解してくれない，親の関わりが納得できない，などの悩みです。中高生は，親子関係に変化が生じてくる発達上の年代ですから，親離れ・子離れの過程でいろいろな悩みが生じがちです。このカテゴリーも，中高生年代の発達上の課題を反映するものだと言えます。

「性・身体のこと」というのは，たとえば「性衝動を抑えられないのでは」という不安や，身体的特徴に関する劣等感などです。2％と少数ではありますが，切実であることも多く，恥ずかしさから人に知られずひそかに相談したいと感じがちな悩みです。この領域に関しては，不安でたまらない状態で相談してきた相談者が，信頼できる筋からの正しい情報を得てとても安心するということがよくあります。第二次性徴の発現を伴う身体的な変化が著しく，性的な欲求や関心が芽生え始める思春期に特徴的な悩みです。

「相談終了後のお礼」も1％（7件）ありました。相談のセッションが一旦終了した後，あらためてお礼やその後の報告のためにメッセージをもらった場合です。

最後に「不登校に関すること」です。1％（3件）と少数ですが，学校に行っていない，行けていないことについての相談です。

LINE相談に寄せられる中高生の悩み：統計データから

これも少数であっても，教育相談において重要な領域です。

②その他，無応答，ひやかし

　以上のような実質的な相談とは別に，相談の内容がよくわからない「その他」，相談員が対応を開始しても無応答であった「無応答」，さらに，相談員が対応を開始してもスタンプだけが送られてきたり，意味不明な文字が送られてきたりする「ひやかし」があります。これら3つのカテゴリーを合わせると，29％と全体の3分の1近くに達します。こうした実質的な相談内容を伴わない接触が多いのも，LINE相談の重要な特徴だと言えるでしょう。

　LINE相談は，対面相談よりも，電話相談よりも，さらに敷居の低い相談です。それゆえ，問題意識が不明瞭で，自分でも何を相談したいのかはっきりしないまま，モヤモヤした不安，不満，空しさ，さみしさなどを抱えて，明確な内容を伴わないままに接触してくる相談者が多くなるのは必然です。こうした相談者の多くは，決して歓迎されざる迷惑な妨害者ではなく，悩み相談における最も初期段階の相談者として理解されるべきです。

　これらのアクセスは，何か相談したい，相手をしてほしいという漠然とした欲求がありながら，まだはっきりした相談のかたちをとるにはいたっていない人の相談への模索だと言えます。あるいは，自分のことを隠したままで安全な場所からこちらの対応を探ろうとする偵察的なアクセスなのかもしれませ

3. さらに詳しい統計データの考察

ん。いずれにせよ，こうしたアクセスに対しては，「メッセージを送ってくれてありがとう」「安心して相談してね」といったメッセージを返信し，よりコミットした相談へと移行していけるよう根気よくはたらきかけることが大事だと思います。

③相談内容の全体的考察

　以上，相談内容を分類カテゴリーに沿って見てきました。中高生の LINE 相談では，多種多様な内容の相談が寄せられることがご理解いただけたかと思います。勉強の仕方がわからない，アダルトサイトへのリンクをクリックしてしまったが大丈夫だろうか，など，日常的で，具体的，実際的な相談もあります。恋愛の悩みや親子関係の悩みなど，この年頃の若者たちが発達的に抱いて当然であるような健全な悩みもあります。いじめの相談，自殺念慮の訴え，自傷行為など，深刻な相談もあります。

　一見すると些細なことと思えるような相談や，その年代なら誰もが抱えているような悩みの相談など，軽く見える相談にしっかり対応することが重要です。そうした対応が，結局は深刻な問題の予防になるからです。大学の学生相談室での相談経験においても，日常的な内容の悩みを訴えて来談した学生が，数か月後，より深刻な内容の相談で申し込んでくることはよくあります。日常的な内容の悩みへのていねいな対応が，後のより深刻な内容の相談を促進するのです。

　もちろん，一度にたくさんの相談が押し寄せるようであれば，いじめや自殺，自傷についてなどの深刻な相談をさしあたり優

LINE相談に寄せられる中高生の悩み：統計データから

先し，それらにまず対応することは必要になるかもしれません。しかし，だからといって，より日常的で健康度の高い悩みの相談を軽視してよいわけではありません。

　これだけ幅広い内容の相談が寄せられるのですから，相談員は，いわゆる心理カウンセリング的な対応によってサポートしたり，どうしていったらよいかを一緒に考えたりするだけでなく，場合によっては，実際的で実用的な情報を提供したり，良識ある大人として押しつけにならない仕方ではっきりとアドバイスを与えたりすることも必要になります。

4．まとめ

　以上，主に統計的な数値から，長野県によるLINE相談の事業，「ひとりで悩まないで@長野」をふり返り，LINE相談の実際について考察してきました。

　これらのデータは，今後，中高生に対する相談方法のあり方を再考していくための貴重な資料となるでしょう。

相談員のコラム② LINE相談の経験から学んだこと

　私は10年以上，若者就労支援機関で高校生をはじめとした15歳から39歳までの若年無業者の対面相談，メール相談，電話相談を行なってきました。今回中高生向けのLINE相談に関わらせていただくことになった際には，その斬新さに期待しつつ，その反面普段行なっている相談と何が違うのか，短文でのやりとりでどこまで相手に伝わるか，どこまで相手の気持ちに寄り添って話せるかなどいろいろと不安も感じていました。

　そして緊張しながら初めて受けた相談の最初のメッセージが「死にたい，今切っています」という言葉でした。これまでの私の対面相談の経験では，高校生の場合，基本的に，最初は話してくれないところから始まります。そしていろいろ雑談をしていくうちに徐々に心を開いてくれるようになり，本当に相談したいことの周辺の小さな悩みの話が出始め，その後，ようやく真の悩みについて語り始めるという流れになります。それに対していきなり真の悩みから始まる展開に戸惑いを感じながらのLINE相談開始となりました。

　書いてくれた言葉に対して，まずは定型文で学年などを確認するメッセージを送ったところ，返信が返ってこず，待っている間にいろいろなことを想像しながら，どのタイミングでメッセージを投げかけるかを悩みました。

　管理者の方にアドバイスをいただきながら，「そんなふうに思うほど苦しいんだね」という共感から始め，具体的にリストカットの状況について質問をしていきました。相手の様子が見えない中で返信を待つ時間は，不安を感じつつも，相手の状況をいろいろと想像しながら対応を考える戦略の時間にもなりました。そして言葉を選びながら相手とやりとりをする中で，相談者の「です・ます」調の文章が徐々にくだけた言葉に変わっていき，短文のやりとりの中でも相手の気持ちが変化していく様子を感じ取ることができました。

　「高校生なのに彼女ができないから不安」という相談もあれば，「今学校の屋上で今から飛び降りる」という言葉から始まる相談，みずからの性についての深刻な相談もあり，相談

相談員のコラム❷　LINE 相談の経験から学んだこと

内容の幅の広さに驚くと同時に相談員としてはさまざまな知見を必要とされるということにも気づかされました。

　ある高校生とやりとりをする中で急に返信がこなくなり，間が空いたと思ったら「親に言われてお風呂に入っていました」とメッセージがきたことがありました。日常生活の中で相談できる気軽さは対面や電話での相談とは違って，場所や時間を拘束されにくいということです。このようなかたちで相談を受ける中で，私が従来の相談の中で感じていた「高校生は相談をするのが苦手」という見方は覆されることになりました。

　今回，LINE 相談に関わらせていただき，その効果や有効性などを肌で感じることで，今後はさらにもっとノウハウを習得していきたい，追究していきたいと考えるようになりました。他の相談員の方々も私と同様に感じた方が多いようで，LINE 相談を希望するカウンセラーは今後増えるのではないかと考えています。また今の時代に合う手法を使ったカウンセリングが増えることで，相談を必要とする子ども・若者につながる可能性がさらに広がることにも期待をしています。

　しかしそれと同時に LINE 相談が

もつ危険性から目をそむけてはいけないとも考えています。短文でのやりとりですから，相談者が相談員の言葉に傷ついたと感じて通信を切ってしまえば，対面相談と違ってこちらからフォローすることはできません。そうなると，勇気をもって相談をした中高生に，「もう二度と相談なんかしないぞ」と思わせてしまいかねません。「言葉」は人によって受け取り方が異なるということ，自分の価値観を相手に押しつけないというカウンセラーとしての基本的なマインドを常に意識して相談に携わることが，LINE 相談では対面相談以上に必要なのではないかと考えています。

古賀和香子
（認定特定非営利活動法人 育て上げネット）

SNS 相談にマッチした相談技術

ここまでのところで，SNS 相談には一定の効果があるということを紹介してきました。けれども，そうした効果は，SNS で相談すれば自動的にもたらされるというものではありません。相談員が有効な相談技術を用いて対応してこそ，もたらされるものです。いじめや自殺に関わる相談を，対面でも電話でもなく SNS で行なうとき，効果的に相談を行なうためには相談員にどんな能力が必要とされるのでしょうか？ 相談にあたって相談員にはどんな姿勢や態度が求められるのでしょうか？ SNS 相談における効果的な相談の技術とはどういうものでしょうか？ 本章ではこれらの問いに取り組みましょう。

もちろん，SNS 相談といえども，従来の対面や電話による相談と根本的に違うわけではありません。SNS 相談においても，「受容」や「共感」という言葉に代表されるカウンセラーの基本姿勢は同じように大切です。しかし，SNS によるコミュニケーションは，対面や電話でのそれとは多くの重要な点で違っています。当然のことながら，それに応じて相談の姿勢や技術にもそれなりの工夫が必要になります。

SNS相談にマッチした相談技術

　まず，SNS相談員に求められる前提条件について述べます。具体的な相談の技術に先立って，大きなレベルで求められる条件です。そのうえで，SNS相談において求められる相談の基本姿勢について検討します。その後，SNS相談における相談技術を具体的に検討していきます。

1. SNS相談員に求められる前提条件

　SNSで相談を受ける相談員には，心理カウンセリングの基礎的な訓練を受けていることが求められます。しかし，心理カウンセリングを学び，実践している人であれば，誰でもSNS相談ができるというものではありません。

　ここでは，心理カウンセリングの学びとは別のより大きな次元で，SNS相談員に求められる前提的な条件について述べてみます。

(1) SNS相談の社会的意義や可能性を理解し，コミットしていること

　ここまでに述べてきたことからすでにご理解いただいていると思いますが，SNSを用いて相談できる体制を整備することは，社会的に重要な意義のある事業です。若い世代の人たちは，SNSによる相談を切実に必要としています。

　実際，Twitterに「死にたい」と書き込んで，犯罪のターゲットにされ，被害を受ける若者が後を絶たず，社会問題となって

います。こうした被害を未然に防ぐためにも，自殺予防のためにも，若者の健康で豊かな人格育成のためにも，SNS による相談は社会から求められているのです。実際，LINE 相談にアクセスしてきた中高生からは，LINE だからこそ相談できたという声も聞かれます。このような若者の声に応えることは，大人世代の義務だとさえ言えるでしょう。

　SNS 相談員は，SNS 相談のこうした社会的意義を深く理解し，SNS による相談にコミットしていることが必要です。対面の相談のほうが有用で価値があると信じながら仕方なしに取り組むのではなく，SNS 相談の可能性や有用性をよく理解して積極的に取り組んでほしいと思います。

(2) SNS の特性を活かした新しい相談技術を発展させる意欲があること

　SNS 相談は，21 世紀の情報通信環境において出現してきた新しい相談の形態です。インターネットもスマートフォンもなかった時代にその基礎が築かれてきた伝統的な心理カウンセリングを単にそのまま SNS 上で行なおうとするような取り組みは，SNS 相談としては不十分ですし，場合によっては不適切です。

　SNS というメディアの特性をよく理解し，SNS だからこそできることを工夫し，このメディアのポテンシャルを最大限に引き出そうとする姿勢が重要です。SNS 相談員には，伝統的な心理カウンセリングに含まれている援助的なスピリットはそ

SNS相談にマッチした相談技術

のままに，しかしそれにとらわれない柔軟な発想で，SNSの特性を活かした新しい相談技術を研究していく意気込みが求められます。

（3）文章を理解する力と文章で表現する力があること

SNS相談は，非言語情報をほとんど伴わない，主に文字による相談です。しかしだからといって，相談者のメッセージをただ文字通りに受け取るだけでは，あまり良質の相談にはなりません。感受性と想像力をはたらかせ，行間を読む能力が必要です。文字に込められた気持ちを感じ取る感性，言ってみれば，小説や詩などの文学作品を豊かに味わう能力とよく似た能力が必要なのです。ただし，相談者が送ってくる文字のメッセージは，小説でも詩でもありませんから，実際にはメッセージから相談者の心理状態や状況を見立て，介入を検討する臨床的な感性と想像力が必要となるでしょう。

それとともに，SNS相談員には，文字によって生き生きと豊かに表現できる能力も必要です。表情やジェスチャーや声のトーンなどで気持ちや思いを伝える表現力ではなく，文字で気持ちや思いを伝える豊かな表現力が求められます。

対面の相談で有能なカウンセラーが，SNS相談でも同じように有能であるとはかぎりません。しゃべらせたらとても面白い人が，文章を書かせたらそうでもないということや，その逆の場合もあります。表情やジェスチャーや声を用いて表現する力と，文章で表現する力は，同じではないのです。

（4）その他の条件

　その他にも，SNS で対話的なやりとりをするのに支障がない程度のタイピングスキルや，情報端末やパソコンの操作に関する基本的な知識とスキルが求められます。

2．SNS 相談における相談員の基本姿勢

　それでは，ここからは SNS 相談の中でも，LINE 相談に焦点を当て，実際の相談技術について考えていくことにしましょう。まずは，個々の具体的な相談技術ではなく，そうした相談技術を支える基本姿勢について考えてみます。

（1）対面の相談における基本姿勢：受動的傾聴

　対面の相談では，通常，相談員は受動的な姿勢で話を聴くことが有用だとされています。会話の主導権を相談者に委ね，相談員は，相談者の語りについていくのです。

　対面の相談では，こうした受動的な姿勢での傾聴に効果があります。こうした対応によって，相談者は相談員から受けとめられたと感じ，感情表現が深まっていくのです。しかし，LINE 相談ではそうしたことはあまり起きません。どうしてでしょうか？

　第 1 の理由としては，LINE 相談ではうなずきや表情，声，アイコンタクトなどによる非言語情報を伝えることができないことがあげられます。対面の相談では，相談員は受動的に話を

SNS相談にマッチした相談技術

聴きながらも，うなずき，穏やかな表情，柔らかで波長の合った声，アイコンタクトなどによって，受容や共感のメッセージを相談者に対して豊かに発信しています。ところが，LINE相談では文字だけですから，相談員からの非言語のメッセージは伝わりません。LINE上で，受動的に相談者についていくような聴き方をすると，「なるほど」「はいはい」「ええ」「そうなんですね」などという応答が多くなります。うなずきも表情も声もアイコンタクトもなしに，こうした応答が返ってくるだけでは，相談者には手応えが感じられないでしょう。後述するように，LINE相談では，非言語情報をはっきりと言葉にして積極的に発信していく必要があるのです。

　第2の理由としては，LINE相談は気軽にアクセスできるため，相談への動機づけがさほど高くない相談者や，相談する態勢が整っていない状態での相談者が多いことがあげられます。対面の相談ではありえないことですが，LINE相談では，相談者は帰宅途中の電車の中から相談してきたり，部屋で友だちとゲームをしながら相談してきたりすることがあるのです。つまり，時間的・空間的・心理的に相談に専心できない状態で相談してくることがあるのです。こうした状態にある相談者は，相談内容をよく考えてしっかり話す姿勢が乏しいですから，相談員が受動的な姿勢で聴いていると，話が展開していかず停滞してしまいがちなのです。

2. SNS相談における相談員の基本姿勢

(2) SNS相談員に求められる基本姿勢：積極的関与

LINE相談でも，対面や電話での相談と同様に受動的傾聴は大切です。しかし，(1)で述べたように，それだけでは不十分なのです。LINE相談では，LINEというメディアの特性上，従来の心理カウンセリング以上に積極的関与が必要です。

相談員は，相談者の話を傾聴しながら自分の中に感じられる感情や思いを，はっきり言葉にして伝える必要があります。対面の相談では，表情や声のトーンによって伝えていたものを，はっきりと言葉にして表現していく必要があるのです。相談者の発言に驚いたとき，対面の相談なら「へーっ」と驚いた表情と声であいづちを打つでしょうが，LINE相談では「へー，そんなことがあったの。びっくりしたよ」とはっきり言葉にして伝える必要があります。相談者のつらい状況を追体験したときには，対面の相談なら「あー」とつらそうな表情と声で嘆きを伝えるかもしれませんが，LINE相談では「そうなんだね。話を聴いていてなんだか私もつらい気持ちになってきました」とはっきり言葉にして伝える必要があるのです。

またLINE相談では，相談者の動機づけがさほど高くないことや，相談する態勢が整っていない状態で相談してくることもしばしばあるため，相談員は，「相談者の問題を理解したい！」という明確な関心を示し，あれこれと質問をしたりアイデアを出したりしながら，一緒に問題について考えようとする積極的な姿勢を示す必要があります。

またLINE相談では，対面の相談以上に，相談者のリソース

SNS相談にマッチした相談技術

（がんばっているところ，よいところ，大事にしていることなど）を見いだし，積極的に言葉にしてフィードバックすることが必要です。一般に動機づけがさほど高くない相談者の場合，こうしたはたらきかけによって相談者をエンパワーすることが，相談への動機づけを高めるうえで有用なのです。

こうした姿勢は，対面や電話での相談とは異なる，LINE相談の重要なポイントだと言えます。

3. 具体的な応答の技術

このように，LINE相談では，従来の心理カウンセリングで強調されてきた受動的傾聴だけでは不十分であって，特性に合わせた積極的関与が必要です。それでは，LINE相談を促進させる積極的関与とは，具体的にどのような応答として現われるのでしょうか？　それではいよいよ，そうした姿勢を表現する具体的な応答の技術について見てきたいと思います。

（1）共感的で支持的なメッセージをはっきり言葉で伝える

対面相談では，相談者が発話している間じゅう，相談員はうなずきや表情やアイコンタクトなどの共感的な非言語的応答により相談者に受容的なメッセージをたえず伝え，相談者をサポートすることができます。電話相談でも，あいづちの声のニュアンスによって同様のことが可能です。しかし，LINE相談では非言語的応答を伝えることができません。そのために相談者

3. 具体的な応答の技術

の話したい気持ちを高めることが難しく，相談者の感情表現は滞ってしまいがちです。また相談者は，相談員の表情が見えないために，自分の話をあたたかく受けとめてもらっているのかどうかがわからず，不安になりがちです。

LINE 相談ではこうした点を考慮し，相談員が共感的で支持的なメッセージをより明瞭に言語的に伝える必要があります。「うんうん」「なるほど！」といったあいづち，「それはつらかったね」といった「感情の反射」はもちろんのこと，それ以上に踏み込んだ応答が必要です。

たとえば，相談者が「腹が立った」とははっきり言っていなくても，状況をふまえて，相談員のほうから「それは腹が立つよね！」とそこに推測される感情を積極的に表現していきます。あるいは，「私も同じ状況だったら，そうしていたと思います」「あなたが怒るのも当然だと思います」といった自己開示をしていきます。

これらの応答は，心理カウンセリングでは，アファメーション（承認），ノーマライズ（正常化），ヴァリデーション（妥当化）などと呼ばれることがあります。LINE 相談では，こうした応答を対面相談よりも多用することが必要です。こちらがどう感じているのかが非言語的に伝わらない以上，私たちはそれをより明瞭に言葉にして伝えていく必要があるのです。

（2）感情の反射よりも，対話をリードする質問が有用

対面相談では受容・共感を意図した感情の反射が基本的な傾

SNS相談にマッチした相談技術

聴技法として重視されており，そうしたカウンセリングの訓練を受けた相談員は，LINE 相談でも同様の応答を多用しがちです。たとえば，相談者が「しんどいんです」と言った際に，相談員が「しんどいんだね」と応じるような応答です。しかし LINE 相談では，こうした応答はしばしば相談者をかえって苛立たせることがわかりました。

瞬間的に消えていく音声とは異なり，LINE 相談ではすでになされた発言が画面上に文字として残っています。そこに，自分がしたコメントの「おうむ返し」のような応答が返ってくると，すでに言ったことのくり返しにしか見えず，相談者をイライラさせやすいのです。また，LINE 相談では，相手からの応答を待つ間にタイムラグがあるために，「どんな応答が返ってくるんだろう？」と相手の応答への期待値も高まりがちです。その際，自分がしたコメントの「おうむ返し」のような応答をされると，「それはもう言ったじゃないか」という感じがして，相談者をイライラさせやすいのです。LINE 相談ではむしろ，相談員から問題の具体的な状況を質問し，積極的に対話をリードするほうがよいようです。感情の反射は，そうしたやりとりの中で並行して用いられるほうが効果的なようです。

また，LINE 相談では，相談者の表現は短文の連続になりがちですので，問題状況を把握するのに，対面や電話での相談以上に時間がかかります。相談員は，積極的に質問をして対話をリードし，問題状況を把握したり，相談者の感情表現をうながしたりする必要があります。つまり，質問力が必要なのです。

3. 具体的な応答の技術

　ただし，その際，問題状況の把握が優先されると事情聴取のようになってしまいますので，相談者の感情に共感し，受容的に傾聴する姿勢とうまくバランスをとりながら進めていく必要があります。また，相談員が対話をリードするといっても，相談者のペースに配慮する必要があることは言うまでもありません。相談者の準備状態を超えた侵襲的な質問は，相談者の負担を高めてしまうので注意しましょう。

(3) 情報提供・心理教育を積極的に行なう

　LINE相談では，感情表現をうながして情緒的な探索を行なうアプローチよりも，むしろ情報提供を行なって相談者の視野を広げたり，心理教育を行なって行動レベルでの助言をしたりするようなアプローチが有用です。

　たとえば，「お母さんに，〜って言ってみることって，どう思いますか？」「友だちに，〜のことを聞いてみるのはどうかな？」「みんながいる教室で言うのが難しかったら，帰り道で言うのってどうだろうね？」といった提案をして，そのことを相談者がどう思うかを話し合うのです。

　はっきりアドバイスを与えるのではなく，それとなく示唆する方法もあります。たとえば，「あなたがそう言ったのはよくなかったね」と言う代わりに，「あなたがそう言ったら，相手はどんな反応だったの？」と問いかけることもできます。また，「あなたがしたことは，相手にはこう受け取られたかもしれないっていうふうにも考えられるんだけど，どうかな？」と尋ね

SNS相談にマッチした相談技術

ることもできます。そうやって，あくまで相談者自身に検討してもらう材料として，自分の見方をそっと差し出すのです。そうして，相談者がみずからの行為の意味や影響について，ふり返って考えるのを手伝います。そうした作業を通して，相談者は自分の行為のよくなかった点をみずから見つけることができるでしょう。

　また，「そういえば，いま，思い出したけど，同じような状況で～っていうふうにして，うまくいった人もいたなあ」というようにエピソードを語る中で，相談者がとりうる別の行動を示唆することもできます。こうしたかたちで与えられる示唆は，相談員からのアドバイスというかたちをとっていないので，相談者にあまり圧迫感を与えません。相談者が自分には合わないと思えば拒否することも容易です。

　情報提供や心理教育は，あくまで相談員の価値判断から出たアドバイスであることに留意し，相談者がそれをどう受け取ったかを注意深くモニターする必要があります。こちらの提案に気が進まないようであれば，「そう言われて，○○さん（相談者）としてはどう思ったかな？」と尋ね，相談者の気持ちを尊重するように心がけます。こちらの提案にのってくる雰囲気があるのか，それとも抵抗感を示しているのか，相談者の反応をよく吟味します。相談者から「でも…」といったコメントが返ってくれば，こちらの価値判断をさらに押しつけるようなことはせず，相談者の思いに耳を傾けます。何よりも大切なことは，提案をした内容を相談者がどう思うかをオープンに話し合うよう

3. 具体的な応答の技術

な姿勢を維持することです。

実際、LINE相談でうまくいかなくなったケースを検討してみると、そこには相談員の価値判断に基づく指導的なアドバイスがしばしば見いだされます。訓練を受けた相談員ですから、受容的な姿勢がまったく失われるわけではないのですが、自分の価値判断にかなり比重を置いた応答が見られたのです。たとえば、「どうしてそんなことしちゃったんだろうね」など、批判的なニュアンスを伴いながら相談員の価値判断を押しつけるような応答がそうです。相談を受けたとき、最も注意すべきことは、安易な批判や否定を慎むことです。相談員は、相談者が「否定された」「批判された」「お説教された」「正論を言われた」などと感じないだろうかという点に関して、よく配慮して表現を工夫する必要があります。

(4) 相談者の動機づけを高める

対面相談であれば、相談者は予約して相談室に訪れます。相談者は50分程度の時間を確保したうえで相談を開始します。このように、対面相談では、時間的にも空間的にも心理的にも、相談に専心できる状況が整っていると言えるでしょう。電話相談の場合も、相談者は一定の時間を確保して電話をかけてくることが多いでしょう。

しかし、LINE相談は違います。先にもふれましたが、帰宅途中の電車の中から、家でテレビを見ながら、宿題をしながら、相談してきます。友だちとのSNSのやりとりと並行しながら

相談してくることも少なくありません。言わば「ながら相談」が多くなりがちなのです。相談員のコラム②⑤でもふれられていますが，実際，LINE 相談の途中で急に相手の応答が途絶え，相談員が「私の応答で傷つけたのかしら」と不安を募らせて何度も語りかけていると，20 分後に「お風呂に入っていました」といった応答が返ってくることもありました。

つまり，LINE 相談は相談者の日常生活の流れの中で，相談に対して時間的・空間的・心理的に専心できる状況にない中で行なわれる場合が少なくないのです。また，そのアクセスのしやすさから「ちょっと相談してみよう」と相談を始めたものの，そこまで困っているわけでもないので話が続かず，対話も滞りがちになることもしばしばあるのです。

こうしたことをふまえて，LINE 相談では，相談への動機づけを徐々に高めていく必要があります。先述のとおり，相談者の動機づけを高めるには，共感的で支持的なメッセージをはっきりと言葉で伝えること，対話をリードする質問をすること，積極的に情報提供や心理教育を行なうことが有効です。また，相談者の感情や考えを整理して伝えたり，問題や目標を明確化したりすることも役立ちます。オープン・クエスチョンで尋ねてもうまく応答が返ってこない場合は，相談者が答えやすい現実的な事柄をクローズド・クエスチョンでテンポよく尋ねていって，応答にリズム感（ノリ）をつくり出すことも重要でした。

中でも特に大切なことは，相談者に波長を合わせることです。気軽な気持ちで相談に来た相談者に対して，相談員が過度に「相

談モード」で対応をすると，相談者は重く感じてしまい，戸惑いから離脱してしまいがちなのです。相談員は，相談者の気軽さに波長を合わせ，相手の気持ちに思いをめぐらしながらも，あえて軽く返す柔軟性をもつ必要があります。そうして徐々に相談者を相談のテーブルに招き入れていくのです。こうした配慮をもって相談員がていねいに対応していくことで，「ながら相談」をしていた相談者が，別の日に，相談に専心できる状況でアクセスしてきたこともありました。

とはいえ，LINE で相談してくる相談者は，みんな動機づけが低いというわけではありません。はじめから動機づけの高い相談者も多数みられることにも注意しておくことが必要でしょう。今回の LINE 相談では，平均相談時間は 54 分でしたが，長い場合は 2 〜 3 時間におよぶ相談もありました。このように LINE 相談では，相談者の相談への動機づけの高低には大きな幅があるようです。このことをよく理解しておくことがとても大切です。

4. LINE の特性に対応したその他の応答上の工夫

LINE 相談における応答上の技術的工夫について，重要なポイントを選んで検討してきました。LINE というメディアの特性に対応して，他にもさまざまな応答上の工夫が必要です。さらに細かな，しかし重要なポイントについて，いくつか考えておきます。

SNS相談にマッチした相談技術

（1）相談者のテンポと文章量に波長を合わせる

　これまでに何度も，LINEでは非言語情報がほとんど得られないということを述べてきました。しかし，LINEには非言語情報がまったくないわけではありません。LINEにおける非言語情報として，メッセージのテンポ（応答速度）と文章量があげられます。こうした非言語情報に注意を払うことが重要です。とりわけ，相談者のテンポに波長を合わせることはとても重要です。

　テンポが速い相談者であれば，相談員もある程度そのテンポに合わせながら応答していきます。お互いに顔が見えない状況であるだけに，タイムラグが大きいと相談者の不安を高めてしまいます。テンポが早めの相談者であれば，相手の応答から1分以内での応答が目安になります。しかし，双方のテンポがあまりに早くなりすぎている際には，あえて少し間をとるようにしてテンポをスローダウンさせるのもよいでしょう。「どんなふうに感じたの？」と内面に焦点を当てた質問で自分の気持ちをふり返ってもらおうとしても，即座に返信が返ってくるような場合がそうです。感情をじっくりとふり返るには時間が必要なのです。

　また，ゆっくりと考えて文章を推敲しながら送ってくる相談者の場合，相談員が待ち切れずに何度も続けて応答を返してしまうと，相談者を焦らせることになるので注意が必要です。

　短文での応答を好む相談者の場合は，相談員もポイントを絞った短文での応答を心がけます。気軽な気持ちで相談にきた

相談者に対して，相談員が長文のメッセージを送ると，それを重く感じたのか応答が途切れてしまったこともありました。相談員のパソコン画面上では数行のメッセージであったとしても，相談者のスマホでは画面いっぱいの長文に見えることに注意が必要です。

もっとも，「うざい」「キモい」などの単純な単語レベルの発信に終始しがちな相談者の場合は，相談者が言葉にできないでいると感じられる思いを相談員が代理的に言葉にして伝えることも有効でしょう。こうした場合，相談員の応答はやや長めになるでしょう。

LINE 相談では言語内容に目が奪われがちですが，相談者のテンポや文章量といった非言語情報にも注目して，それに波長を合わせながら変化促進的にはたらきかけていくことが重要なのです。

(2) 応答の行き違いやタイムラグに対応する

LINE 相談では，相手への応答を考えて送信している間に，相手から次のメッセージが届くなど，応答の行き違いが頻繁に生じます。その際は，「行き違ってしまいましたね」と伝えたり，「今，少し考えているんだけど…」と短めの応答を先に送って，こちらが「考え中」であることを伝えたりすることが必要です。

相談者によっては，しっかりとした応答文章をまとめてから送信するよりも，応答の即時性や返信頻度を高めることが重要な場合もあります。長文の文章になる場合は，短い意味のまと

SNS相談にマッチした相談技術

まりごとに区切って送信するような工夫も有効です。たとえば，「お話を聞かせてもらって思ったことなのですが」で送信，「クラスメイトの〇〇さんは孤立しがちでさみしいのかもしれない」で送信，「それであなたと関わりたいんだけど拒否されたらどうしようと怖いので」で送信，「そういうことをして様子を見ているんじゃないかと」で送信，といった具合です。

(3) 絵文字・スタンプの利用

今回のLINE相談では，絵文字やスタンプの利用は思いのほか少なく，多くの相談者は自分の思いを文章で伝えてきました。そのために，相談員がスタンプで応答することはほとんどなく，言語的な対話を中心に相談が進んでいきました。

また，絵文字やスタンプは，個人によって用い方が異なるために，相談員が相談者の気持ちを誤解してしまうこともありえます。また，スタンプの送信によってこちらのメッセージを相談者に誤解されてしまうこともあるでしょう。私たちのLINE相談では，相談員には絵文字やスタンプの利用を制限しました。もっとも，お互いに信頼関係が形成された段階では，より生き生きとしたコミュニケーションを意図して，絵文字やスタンプを活用することも有用になってくるでしょう。LINE相談のアカウントにイメージキャラクターを設定し，そのキャラクターを用いた相談用のスタンプを用いるのもいいかもしれません。今後は，LINE相談に適したスタンプの開発も望まれます。

5. まとめ

　以上，SNS 相談における相談員の前提条件，相談員の基本姿勢，そして具体的な相談の技術について述べてきました。SNS 相談の技術については，まだまだ検討の余地があります。

　心理カウンセリングには多様な考え方があり，多様な技法があります。ここでは SNS 相談の基本的な考え方を述べましたが，より発展的に，認知行動療法的な SNS 相談や，解決志向的な SNS 相談など，さまざまなアプローチが可能でしょう。また，SNS 相談では，心理カウンセリングだけでなく，コーチングの考え方も有用でしょう。

　SNS 相談は始まったばかりであり，ここに述べたことは，まだ出発点での考察にすぎません。今後の議論のたたき台になればと願います。

相談員のコラム ③

重たい相談への対応の工夫

　今回のLINE相談で、私は、自殺願望をほのめかすような少し重たい相談に長時間にわたって対応する経験をさせていただきました。

　「今リスカした」とか、「薬いっぱいのんだ」とかいった緊張感のある言葉、今後の改善を要望するよりも今の自分の気持ちを訴え、わかってほしいと願っているように思われる言葉が続きました。

　もちろん、相談者がただの趣味としてそういうことを行なうはずもありません。そのようなことをせざるをえない状況は、どこからどのように始まったのか、今どんな状況に囲まれているのかを確認することに努めました。そういったことを確認していくことで、徐々に互いの理解が深まっていく様子を感じ、相談の効果を実感しました。

　しかし、状況が状況ですから、本当に死んでしまわないだろうか、周囲の人間がちゃんと見守っているのだろうかなど、心配が募ります。

　その際に、SNS相談（文字による相談）だからこその特徴が発揮されました。というのは、私は事前に、他の相談員がこれまでに行なってきた、この同じ相談者の相談の記録を読んでいたのです。

　記録を読むことで、相談員が心配を募らせ、「周囲にちゃんと相談しているの？」とか、「心療内科には行った？」とか、「今その状況を近くの誰かに伝えて！」とかいうようなはたらきかけをしても、本人からは「もう死ぬ」という言葉しか返ってきていないということが理解できました。

　もちろんそのような返答は望んでいません。だからこそ、私は、これまでと同じ対話のパターンをくり返す必要はないと考え、勇気をもって違った性質の対話を選ぶことができました。

　そして、感情に寄り添うだけでなく、「自殺行為以外に、普段どのようなことに興味をもって生きているんですか？」というように、本人の生き方に興味を向けた質問をしてみたのです。すると、相談者はそれまで教えようとはしなかった自分の名前や家族との状況を話してくれるようになったのです。また、「死ぬことよりもこうやって相談して何かを変え

相談員のコラム❸　重たい相談への対応の工夫

ていこうとしているのはどうして？」といった質問によって，「死ぬときにまで迷惑をかけたくない」というような言葉を引き出すことができました。この言葉を受けて，私は「あなたは本当に強くてがんばってるんだと思う」と自然に伝えることができました。その後の対話では，自殺をほのめかすような表現は消えていったのです。

　沈黙の最中でも相手の雰囲気を感じることができる対面や電話の相談と違い，文字（絵文字を含む）や画像だけというSNS相談特有の状況の中では，感情に寄り添うことや思っていることを確認することを強調する対話だけでなく，状況改善に積極的に取り組む対話も必要とされていることを痛感しました。

　こうした経験を通して，私がSNS相談に感じる可能性は，やはりアクセシビリティの高さ（相談への敷居の低さ）です。

　中高生は自分の抱える状況や感情をうまく言葉にできないことも多く，わざわざ予約をとってまで対面の相談に出かけたり，不慣れな電話で相談したりするのには抵抗感が強いと思います。うまく言葉にできないとわかっていれば，自分のために相談員の時間を奪ってしまうのは申し訳ないという気持ちが湧いてしまうかもしれません。

　その点，SNS相談は，ご飯を食べながらであったり，勉強の合間にであったりと，日常生活を過ごしながらの相談であることもしばしばで，相談者が気軽に話せているような感覚が感じられます。

　もし，そうだとするなら，SNSでの相談を充実させることによって，今回のような重たい状況になる前に，もっと早い段階での対応ができるかもしれません。また，世間を騒がせているSNSを悪用した連続殺人のような重大な社会問題に立ち向かえるかもしれません。

　人と人の関わり方が，インターネットやスマホによって大きく変わった現代だからこそ，「SNS相談」という，相談員の仕事が社会の健全さを底辺から支えていると思えるような，これからの社会にふさわしい新しい相談スタイルが普及していくことを願っています。

上野大照
（オフィス・コミュニケーションズ／
日本ブリーフセラピー協会）

SNS相談の相談体制と実施手順

　本章ではSNS相談の実務的な面について解説します。一つはSNS相談の相談体制です。ここには,人的・組織的な問題と,物理的・テクノロジー的な問題が含まれています。もう一つは,SNS相談の実施手順です。ここには,相談の開始以前に伝えておくべきこと,相談の始め方,相談の流れ,終わり方などが含まれています。なお,以下の説明は,長野県の「ひとりで悩まないで＠長野」と滋賀県大津市の「おおつっこ相談LINE」という2つのLINE相談事業を行なった経験に基づいたものです。

1. SNS相談の相談体制

(1) 人的体制

　まず,SNS相談の人的な体制について整理しておきましょう（図4-1）。

　SNS相談の実施組織には,管理者,スーパーヴァイザー,相談員がいる体制が望ましいでしょう。以下,管理者とスーパー

SNS相談の相談体制と実施手順

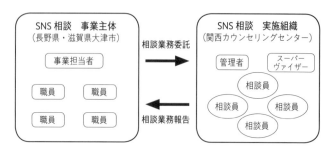

図 4-1　SNS相談の相談体制

ヴァイザーそれぞれの役割について述べます。

①管理者の役割

　管理者は、事業主体の事業担当者と綿密な連携をとりながら、SNS相談業務の事務的統括を行ないます。管理者の役割は、事業主体や関係機関との連絡調整、相談員の事務的統括、相談システムのコンピューターの管理、相談内容や件数の事業主体への報告、相談員のサポート、危機介入時の連携など、広い範囲に及びます。

　SNS相談は予約相談ではないので、相談に頻回に訪れる相談者のケースも、いつ、誰が担当することになるかわかりません。困難なケースについては管理者がこれまでの相談経緯や対応について把握しておき、必要に応じて相談員と情報を共有できるようにしておきます。

　管理者に求められる重要な役割の一つが、関係機関との連携

およびそのサポートです。相談員が電話相談などの支援リソースにつなぐ必要があると判断したとき、管理者は情報を伝えて相談員をサポートします。管理者は、あらかじめ支援リソースについての具体的な情報を把握しておき、必要な情報を相談員に伝えます。どんな支援リソースがあるかだけでなく、そこでは実際にどんな支援が可能なのかをできるだけ具体的に把握しておき、伝えられるようにしておくことが望ましいでしょう。相談者にとっては、ただ「ここに電話してみるといいですよ」とうながされるよりも、「この電話相談では～ということがしてもらえて、～という対応も可能ですから、相談してみてはどうですか？」とうながされるほうが、支援リソースにアクセスしてみようかなという気持ちが高まるからです。

深刻な自殺の危機など、緊急の場合には、相談員には対応を続けてもらい、その間に管理者が事業主体の担当者や警察などの関係機関に連絡をとることになります。相談者がいじめへの対応を学校や教育委員会に求めた場合にも、管理者が連絡の役目を担うことになります。

②スーパーヴァイザーの役割

スーパーヴァイザーは、相談活動を専門的な視点から適宜モニターするとともに、特に困難なケースへの対応に関して専門的な視点から技術的な助言を行ないます。

たとえば、スーパーヴァイザーは「迷いがあるのですが、こういう応答でよいでしょうか？」といった相談員からの質問に

SNS相談の相談体制と実施手順

対して，これまでの相談の流れを確認したうえで，「ここを汲み取ってみたらどうでしょうか？」「その言葉はちょっとストレートすぎるかもしれません」などと助言します。また，「死にたい」「自殺したい」などの緊急度の高い相談に対応している相談者を心理的にサポートし，必要な助言をします。

このように，スーパーヴァイザーは，最前線で対応する相談員に対して「何かあったら一緒に考えますよ」というメッセージを伝え，相談員の後方支援を行なうのです。

③管理者とスーパーヴァイザーの兼任について

管理者とスーパーヴァイザーの役割には，重なるところがあり，場合によっては管理者がスーパーヴァイザーの役割を兼ねる体制をとることもありえるでしょう。こうした体制は運用上の小回りが効くという意味で効率的です。しかしこの場合，管理者には実務的な能力とともに相談に関わる専門的な能力も求められることになります。管理者兼スーパーヴァイザーには総合的に高い能力をもつ人を充てる必要があります。

LINEのトークによる相談は，相談者と音声のやりとりをしないため，相談員は互いに，あるいは管理者やスーパーヴァイザーと，リアルタイムで話し合いながら対応を検討できます。困難なケースに対して，相談員が一人で対応するのではなく，「チーム」として対応を検討できます。この点は，対面相談や電話相談にはない，SNS相談独自の強みだと言えるでしょう。

（2）SNS 相談のセッティングと IT 環境

①物理的なセッティング

　長野県の「ひとりで悩まないで＠長野」では，1 日 10 名の相談員が対応にあたりました。そのため，ネット環境を備えたパソコン 10 台，管理者用パソコン 1 台を準備しました。相談員は大きなテーブルを囲んで円形に座り，お互いの顔を見て相談できる状態で相談に臨みました。他のやり方として，一人ずつブースに分かれて相談する環境も考えられます。そのほうが集中して相談できるかもしれません。ただし，それだと相談しながら対応できるという SNS 相談の強みが生かしにくくなります。今回は，SNS 相談の強みを優先し，オープンな空間で行ないました。

　こうした環境で行なう場合には，各自が相談に集中できるよう，相談員同士に適度な距離を設けることが必要です。また，相談員が他の相談員や管理者やスーパーヴァイザーと話し合う際は，たとえ相談にまつわることであっても，他の相談員の集中を妨げないよう，周囲に配慮しながら行なうことが大切です。

② IT 環境

　SNS 相談では，IT 環境も相談を左右する重要な要因です。どのような IT 環境を用意するかによって，相談の中身も違ってきます。IT 環境は，相談を水面下で支えるだけでなく，相談員の相談活動をサポートし，相談において使える便利なツールを提供します。

SNS相談の相談体制と実施手順

　今回，長野県と滋賀県大津市で行なったLINE相談では，トランスコスモス社のチャット・ツールを用いました。このチャット・ツールには，LINE相談を円滑に行なううえで役立つさまざまな機能が備わっています。たとえば，パソコンを用いてLINE相談ができること，相談対応人数の上限を設定できて上限を超えたアクセスには自動返信ができること，管理者による担当者の采配・切り替えが可能であること，以前の相談のやりとりを同一画面で確認できること，応答の定型文を複数登録することができてより迅速な応答が可能であること，「自殺」などの危険ワードを設定して相談員に注意喚起ができること，LINE相談に関わる統計処理が容易であることなどです。

2. LINE相談の実施手順

　ここからは，長野県と滋賀県大津市で行なったLINE相談の実施手順について，重要なポイントに的を絞って述べていきます。

（1）相談に先立つインフォームド・コンセント

　まずは相談に先立つインフォームド・コンセントの手続きからです。

　相談者が相談用のLINEアカウントに「友だち登録」をしてきた時点，つまり相談を実際に始める前の時点で，秘密保持のあり方や，相談が混み合っていて対応できない場合があることなど，相談に先立って知っておいてほしい重要事項を知らせる

メッセージを自動返信します。この自動返信は，インフォームド・コンセントを主な目的としたものです。後のトラブルを避けるためにも，また安心して相談してもらうためにも，インフォームド・コンセントは非常に重要です。

相談に先立って送信されるメッセージにおいて，「あなたの希望や同意が無い限り，ご家族や学校の先生を含めて，相談内容を誰かに伝えたりすることはありません」というように，相談者の秘密を大事に守ることを伝えます。それと同時に，どのような場合には秘密保持よりも関係機関への連絡が優先されるのかも伝えます。命の危険があると判断される場合などがこれにあたります。

こうした内容について相談者がきちんと理解したうえで相談できるようにしておく配慮はきわめて重要です。相談を始めてからも，もし相談者がこうした内容をよく理解していないようであれば，相談員は，相談者にこのメッセージを再確認してもらうよううながします。

(2) 相談の始め方

相談者からアクセスがあり，相談員が対応できる状態にある場合，そこから相談が始まります。最初に相談者に年齢（学年），性別，相談内容などの基本情報を尋ねるのがよいでしょう。LINE 相談では，相談者の情報（年齢，性別，見た目の印象など）がわからないので，こうした質問からスタートします。

相談することにためらいがある場合やひやかし的な接触の場

合など，この段階で相談者が離脱することもあります。ただし，真剣に相談をしたいと考えている相談者が，年齢や性別などの個人情報を答えることに抵抗を感じて返答に迷っている場合もありえます。しばらく応答がなかった場合は，「答えにくければ，そのまま相談していただいても大丈夫ですよ」と伝えて，相談を開始します。そして相談を進める中で，徐々に相談者の情報を集めていくようにします。

（3）相談の流れ

　私たちのLINE相談では，相談員は図4-2に示すフローチャートを参考に相談を進めました。このフローチャートはあくまで参考程度のものとして受け取ってください。あまりこのとおりにしようとこだわらないことが大切です。実際の相談では，相談者とのやりとりの中で，このフローチャートのさまざまな要素の間を行ったり来たりするものです。

　以下，フローチャートの各項目について簡単に説明しておきます。

①主訴の確認：主訴やその発生経過を尋ねる

　相談は，相談者が何を相談したいのか（主訴）を尋ねることから始まります。相談員は「どういうご相談ですか」といった質問を投げかけます。

　LINE相談では，相談者の表現は短文になりがちですので，「〇〇についてのご相談ですね。くわしく教えてもらえます

2. LINE 相談の実施手順

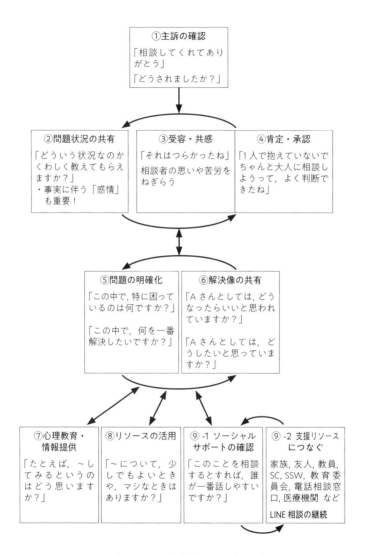

図 4-2　LINE 相談フローチャート

SNS相談の相談体制と実施手順

か？」「仲間はずれっていうのは？」「それはいつごろからなのかな？」「何かきっかけはあったのかな？」などと質問し，主訴やその発生経過を明確にしていきます。

②問題状況の共有：相談者の感情に寄り添いながら，問題状況を明確にする

　対面相談では，相談者の表情や声などを通して感情が伝わるので，事実関係よりも相談者の感情に焦点を当てて話を聴くほうが効果的であることが多いでしょう。しかし，文字によるやりとりのみで進行する LINE 相談では，表情や声などの情報がないため，最初から感情に焦点を当てるのは難しい場合が多くあります。さしあたりは，相談者の問題状況を具体的に把握して共有することを通して共感を伝えていくことが効果的です。この作業においては，相談員には積極的な姿勢が求められます。相談員が積極的に質問をして対話をリードし，問題状況の共有を行なうのです。

　特にいじめ相談の場合は，相談者の感情に寄り添いながらも，いじめとされている出来事の詳細を聞き取って，事実関係の確認を行なう必要があります。とりわけ，加害者とされる人の言動，そうした言動が起きる状況，その前後の経緯，周囲の反応などの情報を聞き取ることが重要です。客観的な事実をできるだけ具体的に引き出して，時系列で整理していきます。また，SNS いじめの場合，いじめの証拠となるような情報があれば，スクリーンショットを送ってもらうこともできるでしょう。

2. LINE 相談の実施手順

③受容・共感：相談者の気持ちに理解を示す言葉がけをする

　問題状況を共有する中で，そこに埋もれている傷つきや怒り，悲しみなどの感情に理解を示します。相談員は，自分の考えや価値判断はカッコに入れて，物事を相手の立場で考え，感じ，理解するように努めます。そして，理解したことを相手に伝えて，相談者の気持ちを受け取ったことを示すような言葉がけをします。

　大切なことは，相手のつらい思いを汲むことです。その言葉が，相談者の思いを汲むものであれば，相談者は「わかってもらえた」「理解された」と感じてホッとするかもしれません。また,「さらに話したい」という気持ちも高まるかもしれません。そうした関わりが，相談者との信頼関係を形成するうえでとても重要なのです。

④肯定・承認：困難な状況の中での相談者の努力・工夫をはっきりと認め，肯定する

　相談者は，困難な状況の中で孤立無援に感じて，自信を喪失していることが少なくありません。相談員は受容的・共感的な言葉がけで相談者に寄り添いながら，そこで見いだされた相談者の努力や工夫をはっきりと取り上げて，承認したり，肯定したりすることが大切です。こうした言葉がけは，相談者が誇りと自信を回復するのを助けます。相談者は，自分では自分の努力や工夫に気づけないものです。相談員が明確にそれを取り上げて，感心してみせることは，重要な援助となります。

　ただし，このような言葉がけが，口先だけのお世辞にならな

SNS相談の相談体制と実施手順

いようにすることが大切です。相談員は、相談者のどのような行動を「強化」する目的で、その肯定・承認を行なうのかという目的感覚を明確にもっている必要があります。

相談者の困難な状況をよく理解すれば、ほんの小さなことでも心から承認したくなるものです。前章でも述べたように、LINE相談では非言語的応答によって受容的なメッセージを伝えることができないために、共感的で支持的なメッセージをより明瞭に言語的に伝える必要があります。

⑤問題の明確化

「問題状況の共有」を行なう中で、必要に応じて「この中で、特に困っているのは何ですか？」「この中で、何を一番解決したいですか？」と尋ねて、「問題の明確化」を行ないます。そうすることで、相談者本人にとっても何を一番解決したいのかが明確になり、解決に向けた動きを誘発しやすくなります。

なお、若年者の場合は、このように尋ねても戸惑ったり、「全部解決したい」と言ったりすることもあるでしょう。その際は、「なかなか一つにしぼるのも大変だよね。あえて言うとだけど、どのことを解決したいだろうね？」と尋ねたり、「たしかに全部解決したいよね。そのために、まずはどれから手をつけていこうか？」「一つずつ解決していくほうが、長い目で見ると解決は早いと思うよ」と伝えるとよいでしょう。

なお、相談者の様子から「問題の明確化」が難しそうな場合は、無理をせずに他のポイントからアプローチしていけばよい

2. LINE 相談の実施手順

でしょう。

⑥解決像の共有

「問題の明確化」を行なう中で必要に応じて，解決したい問題について「A さんとしては，どうなったらいいと思われていますか？」と尋ねて，「具体的な解決像」を明確化します。「具体的な解決像」を明確にすることで，それに近づくための「具体的な行動」を検討しやすくなります。

なお，相談者によっては「いじめがなくなる」「友だちから避けられなくなる」など，問題状況が「ない」ことを解決像として語ることも多いでしょう。しかし，「ない」ことを「行動」に移すことはできません。たとえば，「いじめがなくなって，前みたいに友だちと笑って話せるようになる」「友だちに話しかけることができるようになっている」など，「相談者本人が行なえる具体的な行動」として「解決像」を描き出すことが重要です。

なお，「解決像の共有」を行なうには，相談員の力量に加えて，相談者の解決能力にも左右されるところが大きいと言えるでしょう。難しいと感じれば，無理をせずに他のポイントからアプローチしていけばよいでしょう。

⑦心理教育・情報提供：心理教育や情報提供を行ない，相談者がどう思うかを訊く

LINE 相談では内省をうながすようなアプローチよりも，情

SNS相談の相談体制と実施手順

報提供を行なって相談者の視野を広げたり，心理教育を行なって行動レベルでの助言をしたりするアプローチが有効なことが多いようです。

今回のLINE相談では，実際的な困りごとの相談も多数寄せられました。たとえば，「アダルトサイトにアクセスしてしまって，請求画面が出てきたんですが，大丈夫でしょうか？」と，不安に駆られて相談してくる相談者がいます。こうした相談には，「そのままほうっておいて大丈夫ですよ。こちらから連絡をとったりすると，かえって危ないので注意してくださいね」というように，実際的な対処方法を伝えます。直面している状況に適切に対処できれば相談者の不安は軽減されます。進路相談や性に関する相談に関しても同様です。こうした相談には，適切な情報を提供することがとても重要です。

心理教育をする際には，ソーシャルスキル・トレーニングやシステムズ・アプローチの観点が有用です。たとえば，「私なら，『○○○○』と言うかもしれないけど，そういうのはどう思いますか？」「思い切って，こっちから謝ってみると，どうなるだろうね？」など，具体的な行動レベルでの助言を心がけます。相談者の「行動」を変えることで，相談者を取り巻く周囲からの「反応」も変わってくるかもしれません。周囲から良い反応を引き出すことを意図して，具体的な行動レベルでの助言を行ないます。

なお，情報提供や心理教育を行なった際は，相談者の反応に注意を払います。相談者が「でも…」と言えば，相談員は自分

の意見の正しさを，再度説明するようなことはせず，相談者の思いに耳を傾けます。情報提供や心理教育を行なったときには，常に提供された情報についての相談者の思いや気持ちを尋ねることが重要です。

⑧リソースの活用

　当然のことですが，相談において，相談者は問題を訴えます。このとき相談員は，そうした問題状況ばかりに注目するのではなく，問題が起きていない状況に注目することも大切です。問題が起きても不思議ではない状況で問題が起きていない場合はないかを調べてみるのです。こうした作業を通して，相談者のリソース（長所，美点，サポートしてくれる環境要因）を見いだすのです。相談者のリソースを明確化して，それらをさらに強めて活用します。

　たとえば，「死にたい」とくり返し訴える相談者に対して，その思いを受容・共感的に聴きながらも，「あなたが今まで死ぬことをなんとか踏みとどまってこられた理由はなんですか？」と尋ねることもできるでしょう。こうした質問に答えて，相談者は大切にしている活動や人物について生き生きと語り始めるかもしれません。そうした相談者の語りを引き出し，そこに共感や関心を示したり，感動して見せたりすることで，その思いをさらに強めていくのです。

　あるいは，「今日はリストカットをせずになんとかおれたみたいだけど，どうやってそうすることができたの？」と尋ねる

SNS相談の相談体制と実施手順

こともできます。たとえば,「ジグソーパズルに没頭してた」という答えが返ってきたら,そのようにしてやり過ごすことができた相談者を承認するような応答を返します。「少しでもうまくいっている状況」に注目することで,相談者のリソースを見いだし,相談者の対処行動を強めていくのです。

　また,相談者の問題をなんとか和らげたいと願う相談員のはたらきかけが,皮肉なことに,かえって相談者の問題行動を強めてしまう場合もあります。解決志向アプローチでは,こうした現象を「偽解決」と呼びます。たとえば,相談者がくり返し「死にたい」と訴えているとき,相談員がそれに注目して「死にたいんだね」「つらいよね」「苦しいね」などと感情の反射を返していくと,相談者はますます「死にたい」と訴えるようになるというような場合です。自分のしている関わりがどのような結果を招いているのか,コミュニケーションのパターンをよく観察し,自分の関わりが悪循環を生み出している場合には,良循環を生み出すコミュニケーションへと修正していく必要があるでしょう。

　相談員は,相談者の問題だけではなく肯定的なリソースにも注目し,それらを引き出し,強め,活用する視点をもちましょう。

⑨ソーシャルサポートを確認し,適切な支援リソースにつなぐ

　LINE相談では,相談者の心理的サポートを行ないながら現状を整理して,適切な支援リソースにつなぐことも重要です。支援リソースには,家族,友人,教員(担任教諭,養護教諭,

2. LINE 相談の実施手順

管理職, 部活動顧問など), スクールカウンセラー (SC), スクールソーシャルワーカー (SSW), 教育委員会, 当該地域の電話相談窓口, 医療機関などがあります。

今回の LINE 相談の経験では, 最もつながりやすかった支援リソースは, 家族, 友人, 教員でした。電話相談や対面相談などの専門的な援助機関につなごうとしても, 総じて相談者からの強い抵抗がありました。

当初, 私たちは, 相談者のソーシャルサポートを確認し, 信頼できる支援リソースにつなぐことを LINE 相談の目標にしていました。しかし実際のところ, 支援リソースにつなぐことは思いのほか困難でした。相談員が「相談できる人はいますか?」と尋ねても,「いません」「だからここで相談しています」といった反応が返ってくることが多かったのです。

また, 重篤なケースについては電話相談につなぐことを試みましたが, この場合もやはり,「無理」「嫌です」「LINE だから相談できました」「このまま相談にのってほしいです」という反応が返ってくることがよくありました。

こうした経験から私たちが理解したのは, 相談者の多くは, 電話や対面による相談を求めているわけではないということでした。つまり, 相談者の多くは, 電話や対面での相談にいたるための入り口として LINE 相談を求めているわけではないのです。彼らはあくまで LINE での相談がしたいのです。ですから, 相談者の多くにとって, LINE 相談から電話相談や対面相談への移行を勧められることは, 最初から的外れな提案なのです。

SNS相談の相談体制と実施手順

　したがって，支援リソースにつなごうと焦らないことが大切です。自傷他害の深刻な恐れが現実に確認できる場合を除けば，支援リソースにつなごうとして断られた場合，LINEでの相談を続けることこそが最も適切な方向性です。

　LINE相談にはLINE相談独自のよさ，独自の有用性があります。それは相談者が普段から慣れ親しんでいるツールで相談できることであり，生活場面の中で時間的・空間的に制限されず気軽に相談できることであり，苦しい思いを信頼できる大人に打ち明けて意見を聞くことが手軽にできることであり，さみしいときに誰かと気軽につながって話せることです。これらは，対面の相談における相談者のニーズとは異なるものです。通常，対面の相談は，かなり明確な問題意識と目的意識を必要とします。明確な問題意識と目的意識がなければ，そもそも対面の相談にわざわざ足を運ぶことはないでしょう。もちろん，LINE相談における相談者にも，そのように明確な問題意識と目的意識をもった相談者もいます。しかし，多くの相談者は，対面相談とは異なるニーズから相談しています。くり返しになりますが，LINE相談は，必ずしも対面の相談へといたるための入り口ではなく，それ自体の意味と価値があると考えるべきです。

　なお，今回のLINE相談では，LINE相談担当者と電話相談担当者が別々でしたので，そのために電話相談への敷居が高くなった面もあったかもしれません。今後は，LINE相談を受けた者がそのままLINE電話による音声通話の相談を担当する，さらには対面でも相談を受けるなど，より円滑につないでいく

2. LINE 相談の実施手順

システムを構築する必要があるでしょう。

（4）相談の終わり方

　相談の終わり方には，大きく分けて4種類あります。それぞれについてその手続きを簡単に説明しておきます。

①相談が一段落して終わる

　相談を開始し，やりとりを重ねていくうちに，相談者の気持ちが落ち着いてくると，相談は自然と終わりになります。相談者も相談員も，このあたりで終わりかなという合意ができてきます。こうした場合，一段落ついたところで，「今日はこんなふうに相談してみて，どうだったかな？」などと尋ねて，少しふり返りをしておくとよいでしょう。そうした作業によって相談の成果をお互いに確認するのです。ふり返りをすることによって，相談者の心に相談の成果が定着しやすくなります。またこうしたふり返りは，相談を終わる作業を促進します。

　相談を終えるにあたっては，「ではこれで相談を終わりますね」とはっきり終了を伝えるメッセージを送ります。相談してくれたことへの感謝も伝えるとよいでしょう。

②利用時間の終わりを告げて終わりにする

　相談自体は終わらないけれども，利用時間の終わりがくることによって，相談を終える必要がある場合もあります。こうした場合，終了時刻10分前ごろに，「今日はそろそろ時間なので

109

SNS相談の相談体制と実施手順

すが，相談してみてどうだったかな？」などと尋ね，ふり返りに入るとよいでしょう。あるいは，「今日はそろそろ時間なので，またあらためて相談していただいてもいいですか？」と伝えて，相談終了時間を意識してもらいます。

　十分な解決にいたらなかった場合は，「今日の相談はこれで終わるけど，良ければまたLINEしてくださいね」と伝えて，次につなぎます。終了の時刻になってもすっきりしない状態が続いている場合は，「今日はとにかくここに相談したということで，一歩前進だね」「一度に全部を解決するのは難しいけど，一歩一歩進んでいけば，きっといいやり方が見つかるよ」と肯定的に伝えてみてもよいでしょう。心配な状況があって危惧が残る場合には，「今日はこれで終わるけど，心配だなあ。かならずまた相談してきてね」と積極的に誘うのも一つです。

　いずれの場合も，最後にはっきりと終わりのメッセージを送信して，相談終了となります。

③相談者からの応答が途絶えた場合

　LINE相談では，相談の途中で相談者からの応答が途絶えることがしばしばあります。その理由はさまざまです。相談者が，相談員の応答に納得がいかず，相談意欲が低下して離脱してしまうこともあります。また，LINE相談は相談者の日常生活の流れの中で行なわれますので，塾に行くなどの所要，家族にうながされての食事や入浴などを理由に，特に相談員に説明もなく応答が途絶えることもあります。

いずれにせよ，相談者からの応答がしばらく途絶えた場合は，「しばらくお返事がありませんが，どうされましたか？」などと問いかけます。その後，特に返事がない場合は，「いったん相談を終わらせていただきますね」「よければまた LINE してくださいね」と伝え，相談終了とします。

④相談員が終了したほうがよいと判断した場合

利用時間内であれば，相談者が納得するまで相談を続けるのが基本です。とはいえ，相談が長引くと，お互いに疲れてきて集中力も低下しがちです。ですから，相談時間の目安を1時間程度として，念頭に置いておくとよいでしょう。

1時間を大幅に超過し，相談員が，このまま相談を続けても生産性がないと感じた場合には，「そろそろ相談を始めて2時間だけど，話してみてどうかな？」などと尋ねて，相談者の反応を確かめます。場合によっては，あらためて相談してもらうことを勧めます。相談者が同意すれば，「一度に解決するのは難しいけど，一歩一歩進んでいけば，きっといいやり方が見つかると思います。また相談してみてくださいね」と伝えて相談を終えます。

（5）緊急事態への対応

自殺をほのめかす等の緊急の相談の場合は，受容的・共感的な対応をして相談者の情緒の安定をはかり，緊急性が薄れるまでできるかぎりやりとりを重ねます。また，相談者の了解を得

SNS相談の相談体制と実施手順

たうえで，電話相談などの支援リソースにつなぐことが重要です。

なお，「死にたい」「自殺」「リストカット」など，自傷他害の危険性がある相談を受けた場合には，相談員はすみやかに管理者やスーパーヴァイザーに報告し，複数名で対応を検討します。また管理者は，必要に応じてSNS相談事業主体の担当者に状況を報告し，緊急対応が必要かどうかを判断するための連携体制を整えます。

自殺の可能性がある場合には，表4-1のステップを参考に，対応していきます。

表4-1 自殺の可能性に備えた対応ステップ

1. 自殺の兆候を察知する
2. 希死念慮や自殺の計画をはっきり問いかけ，自殺の緊急度を推し量る
3. 死にたい気持ちの背景にある思いや感情を尋ね，汲み取る
4. 死にたい気持ちが落ち着いたら，本人の「生きたい気持ち」にはたらきかける
5. 必要に応じて具体的な提案をするとともに，支援リソースにつなぐ
6. 自殺を実行する現実的な恐れがある場合，名前と居場所を聞き出し，関係機関に連絡をとって対応要請をする

相談員のコラム④ SNSを相談ツールに

　2017年8月,「急募　自治体若年者SNS相談　相談員」というタイトルのメールが目に飛び込んできました。

　かねてより，この機会を心待ちにしていた私です。昨今，子どもたちはSNSをコミュニケーション手段として巧みに使いこなしています。今やSNSは子どもたちの生活に最も密接したアイテムとして，無くてはならないものとなっているのです。そういった中，SNS相談（LINE相談）は始まることになりました。日本初の試みです。SNSを使ったゲートキーパー！ 絶対やりたい！ 即決で応募しました。

　担当初日，相談者はモニターの向こう側です。相談の場に相談者の存在がないというのは，対面での相談ではありえないことです。その場の空気は相談員たちのなんとも言えない緊張感で張り詰めていました。姿の見えない子どもたちと活字だけのやりとりが始まりました。LINE回線がつながり「相談いいですか？」。記念すべき第1号の相談者の言葉です。不安と戸惑いを抑え「どうしましたか？」と返します。まるで近くで話しているようなやりとりが始まります。いきなり核心をつく言葉が飛んでくることもあります。突如として応答が止まってしまうこともあります。そういうときは，ドキッとして頭を抱えてしまいます。"どうして？""何が起こった？""どの言葉がいけなかった？" あらゆる理由を想定し，仮説を立てながら，祈る思いでモニターに返事が返ってくるのを待ちます。待ちきれず「何かありましたか？」と声をかけてしまいます。しばらくして「親に呼ばれたので，ご飯食べてました〜(^ ^)」と返ってきて，ホッと胸をなでおろしたこともありました。

　相談者のリズムを感じつつ相談を進めます。早いスピードでやりとりをする子，時間をかけてやりとりをする子，それぞれの子どものテンポに合わせて言葉を送ります。見えない子どもの様子を，交わす言葉のスピードと活字に全神経を集中させ，読み取り感じ取ります。

　言葉に軽さやていねいさ，あたたかさをもたせます。たまには勢いや重さを込めます。時には絵文字も使

相談員のコラム❹　SNSを相談ツールに

います。会話が途切れないようにそれぞれを使い分け，思いを込めてEnterキーを押します。相談員の突っ込んだ問いかけによって，しばしば相談者は心に抱えた重荷に，みずから気がつくのです。

それぞれの子がその子なりのやり方で，心に抱えた「やりきれない思い」を活字にして送信してきます。そうして言葉にすることで，相談者自身に気づきが生まれます。そして，その子が一人で抱え込まないよう，相談員は寄り添います。つながる時間には制限がありますが，限られた時間であっても，モニターの両側で思いを共有し，相談員として受けとめます。

言葉のやりとりの中で，「うんうん，わかるわかる」と相談員が解ったつもりで相談を進めてしまうと，会話が噛み合わず，相談者との間に心地の悪いズレが生まれてしまいます。対面の相談だと表情などからそうしたズレが読み取れるのですが，SNSではそれが難しいのです。ズレに気づかず進めてしまうと応答がなくなり，待機時間を経て終了になってしまいます。"あれ？"と感じたときは，とり繕わず，ありのままに「ごめん，ちょっと思い違いをしてたみたい。それってどういうことかな？」

などと問うていくことが最善であって，そのほうがこちらの思いも伝わります。

私は，スクールソーシャルワーカーとして公立小・中学校に勤務しています。その経験から「話せない」「上手く伝えられない」ことで生きづらさを感じている子どもたちがたくさんいるのを知りました。子どもたちとの会話の中から見えてきたのは，子どもたちのコミュニケーションのかたちが急速に変容しているのに，その状況に大人たちがまったく追いついていないことです。あらゆる手段を活用して子どもたちの心の波長を感じ取り，子どもたちのSOSをキャッチすることが，子どもたちの命を守ることにつながると考えます。

それは大人も同じです。一人で抱え込まずSOSを発信する手段として，SNSは「あり！」だと思います。生きづらさを感じて孤立している人には，身近にあるSNSを利用し，社会とのつながりをつくってほしいと思います。

相談員として私は一人でも多くの人に伝えたいです。「一人で悩まないで！」と。

伊藤吉美
（公益財団法人関西カウンセリングセンター）

LINE相談の事例研究

1. 事例の提示にあたって

　本章では，私たちの行なったLINE相談が実際にどんなふうに行なわれたのか，いくつか事例を提示して考察してみたいと思います。とはいえ，相談してくれた中高生の秘密は守らなければなりません。ですから，実際にあった事例をそのままここに提示することはできません。しかし，せっかく得られた相談経験をまったく何も公表しないでいると，LINE相談の意義を一般の人たちに広く理解してもらいにくくなってしまいます。そうなると，予算もつけてもらいにくくなり，安心して相談してもらう環境が整備されにくくなってしまいます。それでは，悩んでいる人たち，困っている人たちの福祉を高めることになりません。このジレンマを解決するためには，相談者の秘密を守りながら，相談の実際を伝えていく工夫を凝らすことが必要になります。

　そうした工夫として，ここでは，私たちが実際に経験した事例に基づきながら創作した架空事例を紹介することにします。

5 LINE相談の事例研究

これらの事例は創作された架空のものではありますが,単に空想的なものではなく,あくまでも LINE 相談の実際の経験に基づくものです。数人の相談員に目を通してもらい,意見をもらいながら作成しました。どのように相談が始まり,進行し,終わるのか,具体的にイメージしていただくのには十分なものだと思います。

以下の事例の記述では,LINE の画面と同じように,相談者と相談員のそれぞれの言葉を吹き出しの中に収めています。左寄りの吹き出しが相談者,右寄りの吹き出しが相談員です。吹き出しの外に書かれているのは,心理カウンセリングの視点からの解説です。

それでは以下に3つの架空事例を提示します。

2. 架空事例①:人間関係で悩む中学3年生女子

まず始めに取り上げるのは,学校での人間関係で悩んでいる中学生3年生の女子生徒からの相談事例です。

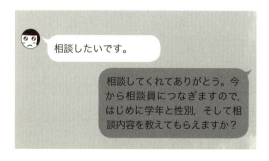

2. 架空事例①：人間関係で悩む中学3年生女子

 中3，女子です。

 いじめじゃないと思うけど，クラスのみんなから無視されてます。誰とも話せなくていつも一人でいる感じです。

> 誰とも話せないんだね。その状況について，もう少し教えてもらえる？

積極的な姿勢で状況について質問する。

 クラスの女子が私とは話してくれないんです。

> 女子が。男子とは話せるの？

 男子とは少しだけ話す人もいるけど，そんなには話しません。話しにくいです。

> じゃあ学校で話す人がいない状況ですか？ 他のクラスとかには？

積極的な姿勢で状況について質問する。

他のクラスには話せる人はいるけど，しょっちゅう行くわけにもいかないので，学校ではだいたい一人でいます。

> そういう状況になったのは，いつごろからなのかな？

積極的な姿勢で状況について質問する。

117

LINE相談の事例研究

- 3年になってからずっとです。

  - そうなんだね。それはつらかったね。 — 受容的に気持ちを汲む。

- そんなにつらくないんですけど。

  - そんなにつらくないのか。Aさんは強いんだね。 — 相談員の発言を否定する内容でも柔軟に素直に受けとめる。

  - じゃあ，学校の休み時間とか，どうしているの？ — 積極的な姿勢で状況について質問する。

- 一人で本を読んだり，ボーッとしたりしています。

  - 一人でも楽に過ごせているのかな？

- まあ，慣れてきましたので。

  - Aさんと話そうとしないクラスの女子たちのことだけど，どういう理由で話そうとしないんだろうね。何か思いつくことはありますか？ — 積極的な姿勢で状況について質問する。

- わからないですけど，私のことが嫌いなんだと思います。話も合わないし。私もあんまり好きじゃないから。

2．架空事例①：人間関係で悩む中学3年生女子

> Aさんもその子たちのことが好きじゃないんだね。話も合わない。話が合う人がいなくて残念だね。

> 相談者の感情と潜在的なニーズに焦点づける。

> それは思います。話の合う人は1人だけいるんですけど、男子で、2年のときは割としゃべってたんですけど、3年になってからあんまり話さなくなりました。

> 話の合う人がいるって聞いてホッとしたよ。でも3年になってからは、その子ともあんまり話さないんだね。何が違ってきたんだろう？

> 自己開示によって関与的な姿勢を明確に示す。

> 女子と話すことを周りがどう思うか意識しているのかもしれないです。

> そうなのかな。気にすることないのにね。

> 私は別に構わないんですけど。

> 別に自慢するわけじゃないんですけど、私は成績がいいので、妬みとかもあるのかもしれないなと思います。その男子も成績がよくて、話が合うんです。

119

5 LINE相談の事例研究

> Aさんは成績がいいんだね。それで頭がいい子と話が合うんだね。だから誰とも話が合わないわけじゃないんだね。

相談者のリソースをフィードバックする。

> はい。

> Aさんは，いまの状況で何が一番困っているのかな？

困り感があまりない相談者なので，相談の焦点を明確にする質問をする。

> 話す人がいなくて，クラスで浮いているので，つらいと言えばつらいけど，どうしようもないと思います。早く高校に行きたいです。

相談者なりの解決イメージが語られる。

> 高校に行ったら状況が変わりそう？

相談者の解決イメージを共同で検討する。

> はい，たぶん高校に行ったら大丈夫だと思います。先生もそう言っています。

> 先生？　先生にも相談しているの？

> 相談したわけじゃないんですが，先生がこの状況に気づいて，そのことで話し合いになったことがあるんです。

> そうなんだ。話し合ってどうだった？

2．架空事例①：人間関係で悩む中学3年生女子

先生が，私を無視している女子の何人かに話をしてあげるって言ってくれて，実際そうしてくれたんですが，特に何も変わりませんでした。別にあからさまにいじめているわけでもないし。

先生も，高校に行ったらきっと普通に友だちができるよって言ってます。

> 先生からそう言ってもらって，自分ではどんなふうに感じたの？

私も確かにそうだなって思いました。

> そうか。じゃああと数か月やり過ごして，希望の高校に進学することがAさんの今のテーマなんですね。

> 相談の焦点を明確にし，共有する。

そうです。

1つ質問があるんですけどいいですか？

> もちろん，どうぞ。そうやって質問してくれるのは大歓迎です！

> 相談者は相談員に心を開き，積極的な姿勢を示す。

> 相談者の積極的な姿勢を強化する。

121

LINE相談の事例研究

私の何がいけなかったんでしょうか？ それがよくわからなくて。みんなから無視されていると言えばそうだけど，私もみんなを無視しているところもあるし。あんまりみんなのことを好きじゃないし。それがよくないのかなって思うんです。

> より内面に踏み込んだ悩みが語られる。

うーん，どうだろう。好きじゃないっていう気持ちがない人なんていないと思うけど。好きじゃないから攻撃するとかしたらよくないんだろうけど。そういう気持ち自体はあって普通じゃないのかな。

> ノーマライズする。

攻撃はしていません。授業中は普通に話しているし。休み時間に話さないだけなんです。

好きじゃないっていう気持ちをもっと聞かせてくれる？

> 葛藤を帯びた相談者の気持ちに積極的な関心を示す。

この子たちバカだなーって思っちゃうんです。

> さらに踏み込んで内面の葛藤を帯びた思いが語られる。

うん。そうか。どんなときにそう思うのかな？

> 相談者の葛藤を帯びた思いの告白を自然に受け容れる。

122

2. 架空事例①：人間関係で悩む中学3年生女子

数人の仲良しグループで一緒になって無視してくるときですね。

> 否定的な自己感情を伴う相談者の思いを相談員の自己開示によってノーマライズする。

それはそう思うよね。私でもそういうふうにされたらそう思うと思う。

そうですか。ちょっと安心しました。

> 相談者は相談員の介入によって安心した。

心配してたんだね。バカだなーって思っちゃうことに罪悪感があったのかな？

罪悪感というか。そんなふうに思うから嫌われるんだって。だからダメなんだって。

そのことで自分を責めてたんだね。聞いててつらいです。Aさんはみんなから無視されても、けなげに1人でがんばっているのに。

> 自己開示により共感をはっきり言葉で伝え、問題への取り組みにおける相談者の強さや美点をフィードバックする。

そうなんですかね。自分ではそう思えないですけど、そう言ってもらえると安心します。

5 LINE相談の事例研究

私はＡさんは逆境の中でけなげにがんばってると思うよ。Ａさん自身も，私と一緒に，けなげにがんばってる自分を認めてあげて，褒めてあげられるといいなと思います。

> 相談員があたたかく承認するモデルを示し，相談者にモデルを模倣するよううながす。

自分ではなかなか思えないです。

> 相談者は，相談員の提案を実行するのは難しいと伝えている。

そうだね。急にそんなこと思えないよね。じゃあ，ときどきここに相談してくれるかな？そうしたら相談員がきっと何度も同じように言うから。そうして少しずつＡさん自身の中に安心感が育っていけばいいなと思います。

> 相談者の反応を受け容れ，スモールステップの原則でより小さな目標を再設定する。

ありがとうございます。そうします。

少しすっきりしました。

今はしばらくやり過ごして，がんばって行きたい高校に行きます。

すごい！　力強い言葉が聞けて嬉しいです！

> 相談者に生じてきた肯定的な心の動きを強化する。

124

2. 架空事例①：人間関係で悩む中学3年生女子

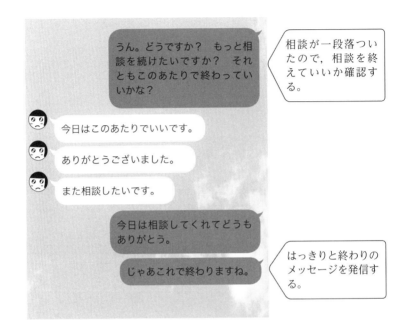

　ここでは，この相談を人間関係の悩みとして理解していますが，この相談はいじめの相談だとも言えるでしょう。いじめの中には一方的にいきなり始まるものもありますが，友だち同士の人間関係のちょっとした行き違いやいざこざが，相互作用の中でエスカレートしていき，いじめとなっていくことも多いものです。ですから，人間関係の悩みといじめの問題との間には，かなりの重なりがあるのです。

　相談内容の分類の難しさについては前にも触れましたが，このケースも微妙なところだと思います。相談者がこの問題をい

じめとしてとらえていないようなので，この相談はひとまず人間関係（交友関係）の悩みとして分類してよいものでしょう。

相談者は数か月にわたって多くのクラスメイトから無視されている状況を語っています。担任もこの問題を認識し，関係する生徒にはたらきかけたようです。しかし，無視という消極的ないじめに対して効果的な対応はできなかったようで，状況に大きな変化はありませんでした。

とはいえ，相談者は「そんなにつらくない」と言い，高校から新しいスタートを切ることに希望を寄せています。相談員はこうした相談者の希望が単なる空想的な希望ではなさそうであることを確認したうえで，この希望をサポートしています。

相談の後半において，相談者は，こうした対人関係の問題の原因が自分の性格にあるのではないかという懸念を打ち明けます。相談者は，無視してくるクラスメイトを嫌う気持ちや馬鹿にする気持ちを告白し，そういうふうな性格だから無視されることになったのかもしれないという不安を語ります。この相談における相談者の悩みの焦点は，無視されている状況そのものというよりも，この不安にあるようです。

相談員は，そうした気持ちを抱くことは誰にでもある人間的なことだと保証し，相談者に安心感をもたらしています。そして，そうした気持ちを抱きながらも，自分を律してがんばっている相談者の努力を賞賛し，相談者をあたたかく励ましています。

こうしたはたらきかけの結果，相談者の厳しい自己非難はいくぶんか和らいだようです。相談者は承認され，エンパワーされて

います。

　ちなみに、この相談における吹き出しの数は 71 です（相談員 33, 相談者 38）。長野県の LINE 相談の平均やりとり回数は 73 ですから、この事例はほぼ平均的な長さだと言えます。

3. 架空事例②：家族関係で悩む高校2年生男子

　次に提示するのは、家族関係、特に父親との関係で悩んでいる高校2年生の男子生徒からの相談事例です。

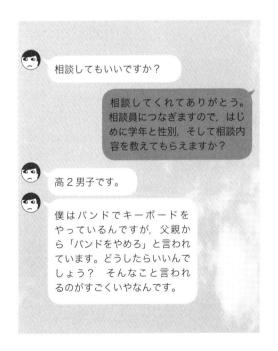

5

LINE相談の事例研究

> そうだよね。それで，そのときは，そう言われてどうしたんですか？

積極的な姿勢で相談者の対処のあり方を尋ねる。

すごく腹が立ったので，何も言わずに自分の部屋に行きました。

> すごく腹が立ったから，冷静になるために自分の部屋に行ったんだね。ちゃんと自分の気持ちをコントロールしているね。

相談者の対処行動の有効な面を見いだし，明確にフィードバックする。

まあ，そんな感じです。

いくら親でもそんなことに口を出す権利はないと思います。

> たしかに。あなたは自分の権利について高い意識をしっかりもっているね。

相談者のリソースを見いだし，明確にフィードバックする。

でも親は僕の考えをまったく聞いてくれないんです。

友だちとの夏休みの旅行も無理矢理やめさせられたし。もうどうしたらいいかわかりません。

相談者は安心して語り始め，自分の気持ちをより強く表現し始めている。

3. 架空事例②：家族関係で悩む高校2年生男子

> 旅行もやめさせられたの？親があなたの好きなことをやめさせようとするのは今回のバンド活動が初めてじゃないんだね。

> はい。そんなに遊んでばっかりで塾の宿題はどうするんだって。まあ僕も要領がよくなくて，直前になって宿題を必死にやることもあるので，それがいけないのかもしれませんが。

> それでも友だちとの旅行はやめろとか，バンドやめろとか言われたら，そりゃあ腹が立つよね。聞いていたらそういう感じがしたけど。どうだろう？今，親になんて言いたいような気持ちがあるのかな？

| 相談者に，親に向かって怒りを表現している場面を具体的にイメージするよう促進する。それによってイメージの中で安全に怒りの体験を深める。

> バンドの活動にまで口を出さないでほしい。そんなことまでゴチャゴチャ言われたくないです。

> うん。バンドの活動にまで口を出さないでほしいって言いたい。

| 相談者にとって大事なニードが表現されたので，そのままくり返し，増幅する。

129

5 LINE相談の事例研究

はい，言いたいです。

でも言ったら言ったで，そういうことは自分のやるべきことを完璧にこなしてから言えって怒られて，自分の意見を言うのも許してもらえない状況です。

> そうなんだ，せっかく勇気を出して言っても，完璧にこなせない人間には意見を言う権利もないって斥けられる。完璧な人間なんていないのに。

相談者の行為の正当性を承認する。

はい。そういうおかしなこと言う親なんですよ。

> やるべきことを完璧にこなしてから言えって親から言われて，どんなふうに感じたのかな？

相談者の内面を探索する。

もう何もかもが嫌になりました。この家を出たいです。

> そうだよね。家出したくなるよね。親はそういうあなたの気持ちを知っているのかな？

相談者の思いを承認する。親とのコミュニケーションのあり方について，親の側に焦点を当てて質問する。

知らないと思います。そこまでとは思っていないと思います。

130

3. 架空事例②：家族関係で悩む高校2年生男子

> そういうあなたの気持ちを親に言ったらどうなると思う？

自分の気持ちを率直に表現している場面をイメージするよう促進する。

わかりません。勝手に出て行けって言うんじゃないですか。

> そうか。そう言われたらどう？

相談者が潜在的に恐れている成り行きを淡々と追究する。

家を出て行くしかないですね。

> そうすると，おおごとになっちゃうよね。そういう状況だと，正直な気持ちを伝えるのは危険なことになってしまうね。

相談者が正直な気持ちを伝えられないのももっともだと承認する。

そうですね。正直な気持ちを言ったら大ゲンカになるような気がします。

> 大ゲンカになるのを避けるために，黙って部屋に行くというのは，賢明な判断ですね。

相談者のリソースを見いだし，明確にフィードバックする。

ありがとうございます。

バンドをやめたくないです。

> そうだね。バンドを続けられるよう，応援したいです。どうしたら続けられるだろう？何が役に立ちそう？

相談者をサポートする姿勢を明確に言葉にして表明し，一緒に考える姿勢を示す。

131

5 LINE相談の事例研究

 勉強をしっかりやって、父親を納得させることですかね。

> なるほど。バンドを続けていてもちゃんと勉強と両立できるんだって実際に示して、お父さんを納得させるんだね。

相談者の考えに感心して見せることで、間接的に承認する。

 はい。

> すごい！ あなたはこの状況を切り抜けるために何をしたらいいかちゃんとわかっているんだね。

相談者のリソースを見いだし、明確にフィードバックする。

 まあ。

 すでに自分なりには勉強をがんばっているですけど、それでもバンドをやめろって言われるんです。

> まあ親だからそう言わないわけにもいかないんだろうね。親は子どものことを心配してゴチャゴチャ言うものではあると思うよ。それで、いくらゴチャゴチャ言われてもバンドをやめないでいたら、どうなりそうかな？

思春期の子どもをもつ親の干渉的行動をノーマライズする。親の干渉的行動がある中で相談者が自身のニードを充足していくイメージを促進する。

3．架空事例②：家族関係で悩む高校2年生男子

🙁 うるさく言われると思いますけど，無理矢理にやめさせることはできないと思います。

> そうなの？ じゃあ自分からやめないかぎりは，続けられるってこと？ ゴチャゴチャ言われるのを別にすれば。

🙁 そういうことになりますね。

> ゴチャゴチャ言われると，どんなことが一番困りますか？

> 相談者が訴える困難の焦点を絞り込み，より明確にする。

🙁 すごく腹が立って，大げんかしそうになることです。

> 相談者の困難は「親が口出しすることが困る」から「親が口出しするとき，自分がすごく腹が立って困る」へとリフレームされた。

> そうすると，親にゴチャゴチャ言われても，やり過ごすことができるようになればいいってことなのかな？

🙁 あっ。そういうことですね。

> 激しい怒りを感じても，それに取り憑かれないようにすることですよね。

> 相談者のリフレームに依拠して，対処策を発展させる。

 はい。

133

5 LINE相談の事例研究

だったら,もうできてるんじゃないの? 黙って部屋に行くって。

相談者のリソースを見いだし,明確にフィードバックする。

そうか。

それを続けていったらどうなるかな?

ときどきゴチャゴチャ言われるだろうけど,それ以上にはならないような気もします。

うん。それはどんな感じ?

バンドを続けられたら,それでいいです。ゴチャゴチャ言われて腹が立ったら黙って部屋に行ったらいいんですね。

あなたはバンドを続けるためだったら,親からゴチャゴチャ言われても,黙ってやり過ごすことができるんですね。

相談者のリソースを見いだし,明確にフィードバックする。

それでバンドを続けられるんだったら,それぐらい我慢します。

インド独立の父,ガンジーを思い出しました。強い意志をもって,非暴力,無抵抗,不服従。

相談者の行為を歴史的な英雄の行為と関連づけ,間接的に承認する。

134

3. 架空事例②：家族関係で悩む高校2年生男子

歴史で習いました。

そこまで立派じゃないけど，とりあえずなんとかなりそうな気がします。

> 大変だろうけど，がんばってください。応援しています。

自己開示によって明確に支持的な立場を示す。

ありがとうございます。

> 当面そういうふうにやってみて，思うようにいかないことがでてきたり，何か困ったことがでてきたりしたら，そのときはまた相談してね。

はい。そのときはよろしくお願いします。

> じゃあ，今回の相談はここで終わっていいかな。

一段落ついたので相談を終わっていいか確認する。

はい。

ありがとうございました。

> それでは，これで相談を終了しますね。今日は相談してくれてありがとう。

はっきりと終わりのメッセージを送信する。

135

5
LINE相談の事例研究

　相談者は,家族関係,特に父親との関係についての悩みを語っています。父親からバンド活動をやめろと言われて,激しい憤りを感じているのです。父親はどうやら息子（相談者）の受験勉強のことを心配しているようですが,相談者としては一方的に不当な圧力をかけられていると感じており,納得がいかないのです。

　この相談では,相談員は相談者の怒りに共感し,相談者の言い分の妥当性をサポートしています。そうしながらも,他方ではその怒りが衝動的に破壊的行動として表出されてしまわないかを注意深くモニターし,怒りの表現の仕方を含めてこの事態に対する相談者の建設的な対処行動を支持し,強化しています。暴力的にならずに黙って部屋に行くという行動がそれですし,受験勉強をしっかりやるという行動がそれです。またそうした建設的な対処行動をとることができる相談者の感情調整の能力や賢明さをはっきりと取り上げて褒めています。

　そのうえで,相談者の問題の焦点を絞り込むように対話を進めていくと,最も中核的な問題は「お父さんがバンドをやめるよう口出ししてくること」から「そのときの怒りを制御すること」へとリフレームされました。つまり,問題は違った視点から見直され,問題のとらえ方が変化したのです。

　問題のとらえ方が変わると,それへの対処の仕方も変わります。新しい問題のとらえ方においては,黙って部屋に行くことは有効な対処です。相談者は自分がすでに有効な対処をしていたことにあらためて気づき,エンパワーされました。

ちなみに，この相談における吹き出しの数は 70 です（相談員 31，相談者 39）。この事例もまた，ほぼ平均的な長さだと言えます。

4. 架空事例③：死にたいと訴える高校 1 年生女子

最後に，死にたいと訴える高校 1 年生の女子生徒の相談事例を見ていきましょう。相談者は，死にたいという訴えに取り憑かれているかのように，くり返しその訴えに戻ります。相談員は，そうした相談者に対して，苦労しながら，根気よく関わります。

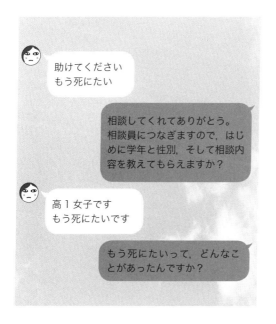

5 LINE相談の事例研究

家がつらいです

> 家がつらい・・
> どんな状況なのか、くわしく教えてもらえますか?

積極的な姿勢で状況について質問する。

はい

親はうるさいし、弟ばっかり可愛がるし、ほんと最低

> うんうん

表現をうながすためのうなずきを入れる。

しかし表現があまりうながされない。LINE相談では、相談者の表現は短文にとどまりやすい。

もう死にたいです

> 死にたいぐらい、つらい状況なんですね・・
> あなたのことをよく理解したいので、どんなことが苦しいのか、もう少し教えてもらえますか?

共感的理解を示したうえで、状況についてくわしく話すように再度うながす。

うちの親は私にばっかり怒って、勉強しろとか、とにかくうるさいんです!

そのくせ、弟にはやさしくして、ひいきします

138

4．架空事例③：死にたいと訴える高校1年生女子

> うんうん，弟さんをひいきしてて，対応がだいぶ違うんですね。親っていうのは，誰がそういう感じなんですか？

共感的に受けとめ，状況についてさらに質問する。

母親です

うちは離婚してて，父親はいません

> そうなんですね。お母さんが弟さんばっかりひいきしてるのが，つらいんですね‥
> お母さんは，どんな人なのかな？

共感的に受けとめ，状況についてさらに質問する。

どんな人‥

どう言えばいいか，むずかしいです

> たしかに，どんな人かって言葉で言うのは，むずかしいね。どんな性格なのかなって思って。たとえば，最近だと，どんなことを言われたりしたのかな？

親子関係のあり様がわかるように，具体的なやりとりを尋ねる。

この前は，お前は何をやってもダメだとか，グズだとか言われました

139

LINE相談の事例研究

出ていけと言われたこともあります

> そんなこと言われたら，つらいね・・
> 今まで，よく耐えてきたね・・

受容的に気持ちを汲み，今まで耐えてきたことを承認する。

はい

弟にも怒りますけど，私には言い方がきついんです

私のことが嫌いなんです

> ああ，お母さんに，嫌われてるんじゃないかって思うことが，つらいんだね・・

相談者の葛藤テーマに共感的理解を示す。

別にいいんですけど，もう死にたいです

どうやったら死ねますか？

リスカもしてきました

相談者はこの葛藤に耐えられず，自暴自棄的な反応を示す。

> リスカするぐらい，苦しいんですね・・・

> お母さんとのことを考えると，つらすぎて，死にたい気持ちになるのかな？

受容的に気持ちを汲みながら，母親に対する感情を抱えきれず，死にたい気持ちになる相談者の心の動きを明確化する。

140

4. 架空事例③：死にたいと訴える高校1年生女子

 わかりません

 とにかく苦しいです

 もう死にたい

> そっか、死にたいぐらい、苦しいんだね・・
> そういう気持ちは、いつぐらいから抱えているのかな？

上記の相談員のアプローチでは、かえって相談者の情緒的混乱を強めてしまうことを観察し、対応について再検討する必要性を感じる。

死にたい気持ちに共感的理解を示し、そうした気持ちがいつからあるのか、状況について質問する。

 中学生のときからです
リスカは友だちがしてて、私も切ったら楽になるので始めました

 でも、死ねません
もう死にたいです

> 中学生のときから死にたい気持ちを抱えながらも、今まで耐えてきたんですね・・
> よく今まで踏みとどまってこれましたね

つらい状況の中で、今まで耐えてくることができたことを承認する。

 そうですかね・・
でも、しんどいです

5 LINE相談の事例研究

> そうだね。しんどいね・・
> そのしんどい中で，今まで死ぬことをなんとか踏みとどまってこれたのは，どうしてなのかな？

つらい状況の中で踏みとどまれた，相談者のリソースを探索する。

> う〜ん・・わからないです
> 死ぬのが怖いからかな・・

> そうだね。死ぬのは怖いよね。
> 今まで，死にたくなったときに，リスカする以外で，気持ちが少しでも楽になったりしたことはありますか？

上記の質問では相談者のリソースを引き出すことができなかったため，死にたくなったときの対処方法を尋ね，少しでもうまくいっている状況がないかを探索する。

> あんまりないです

> でも，〇〇（アイドルグループ）が好きなんで，〇〇の曲をよく聞いたりはします

> ああ，〇〇の曲を聞いたりするんだね！
> 〇〇の曲を聞くと，少しは気分はマシになりますか？

相談者のリソースになりうるものかを確認する。

> そうですね
> 〇〇は大好きなんで，少しマシになります

142

4. 架空事例③：死にたいと訴える高校1年生女子

> そっか〜。
> 苦しい気持ちになったときは，大好きな○○の曲を聞いて，気持ちを落ち着けることができるときもあるんですね。それは，すごくよい方法だと思います！

相談者のリソースが明確になったので，それを承認して強化する。

> そうして自分を癒してあげることができているなんて，それはあなたの強みだし，すごい力だと私は思いますよ

相談者の強さとしてフィードバックする自己開示を行なう。

> そうですかね
> ありがとうございます

> ちなみに，○○では誰が好きなの？

相談者の関心に相談員も関心を向けることで，相談者のリソースに伴う話題を膨らませる。

> 私は，A君です！！

> A君！私も好きです！
> A君のどんなところが好きなの？

相談員も自己開示をして，相談者の関心に強い興味を示す。

> ギャップがヤバイですね！

> 普段はボーとしてるのに，ダンスを踊るとすごい変わって，カッコいいです！

5 LINE相談の事例研究

> たしかにそうだね！ギャップがカッコいいね。
> ○○やA君の存在は，あなたの支えになっている感じかな？

相談者のリソースをさらに強め，それが相談者の助けになっているかを確認する。

> それはそう思います
> 見ていたら勇気をもらえるんで

> そっか，勇気がもらえるんだね！
> それは心強いね！

「勇気」という新しいキーワードが出現。それをさらに強めるようにはたらきかける。

> はい

> それじゃ，お母さんとのことで苦しくなったときは，リスカする代わりに○○の曲を聞いたり，A君の動画を見たりして勇気をもらって，気分を変えることができたらすごいなって思うけど，そういうのはどうかな？

明確になった相談者のリソースやキーワードを活用し，リストカットに代わる健康的な対処行動をとることを勇気づける心理教育を行ない，それを相談者がどう思うかを尋ねる。

> やってみます！
> それなら，できそうです

> よかった！
> つらいときに気持ちを切り替えるのはなかなか大変だけど，そうできるときが少しでも増えてくれば，それはすごいことだと思います。

相談者からよい反応が得られたので，それをさらに強化する。うまくいくか，いかないかの二分法ではなく，うまくいくときが少しでも増えればよいことを伝える。

4．架空事例③：死にたいと訴える高校1年生女子

そうですね
リスカは跡が残るんで，ヤバイなとは思ってたんです

そうだね。
リスカしたくなったときに，他の方法で気持ちをまぎらわせることができたらいいですね！それは，今後の目標になるかな？

> 今後の目標を明確化する。

はい
それは，そう思います

死にたくなったときは何も考えられなくなってたんですけど，A君のことなら考えられそうです

A君のこと，ホントに大好きなんだね！

はい！

いろんなことにチャレンジして，逆境に負けないところがすごいです

そうだね。逆境に負けないところは，あなたも一緒じゃないかな。

> 相談者が好きな対象と相談者との共通点を指摘し，相談者のリソースをさらに強化する。

145

5 LINE相談の事例研究

そうですかね
私は負けまくってますけど(苦笑)

> そうかな。お母さんとのことでつらいことがあっても今まで踏みとどまってこれたし，今日も勇気を出して相談してくれたし，逆境に負けない力をあなたももっているんじゃないかな？

「勇気」や「逆境に負けない」といったキーワードを活用する。

そうですかね
としたら，うれしいです

> それに，負けそうになったときには，遠慮なくここにLINEしてくれたらいいからね

相談者が相談員の期待に応えようとして無理をしないように，つらくなったときは遠慮なく相談してくれたらよいことを伝える。

はい！
ありがとうございます

> 今日はお話ししてみて，どうだったかな？

相談をふり返り，必要に応じて相談者のリソースを明確化する。

はじめはどんな人が出るのかと思って緊張してましたけど，話しやすかったですし，話してみてスッキリしました

あんまり友だちには言えないことなんで

4. 架空事例③：死にたいと訴える高校 1 年生女子

> そうだね。友だちにも言いにくいことだよね。

> スッキリしたのなら良かったです。
> お母さんとのことでつらい気持ちになったら，是非，LINE してくださいね。

> あらためて相談してもらったときは，別の相談員がご相談にのることになりますが，今回のやりとりは確認することができるので，安心してくださいね

わかりました
また，相談します
ありがとうございました

> こちらこそ，ありがとうございました！
> 今日，お話を聞かせてもらって，つらい状況の中でよく耐えてこられたと思いましたし，死にたい気持ちになったときでも，○○の曲を聞いて気分転換ができていて，それはすごい力だなって思いました。逆境に負けない生きる力をもった子だなって，感心しました。

つらい状況で耐えてきた相談者を承認し，今回のやりとりで明らかになったリソースを再度，明確化して強める。死にたい気持ちになったときに，リストカットに代わる対処行動をとれる力，逆境に負けない生きる力が，すでに相談者の中にあるものとして語り，相談者のリソースを強める。

147

5 LINE相談の事例研究

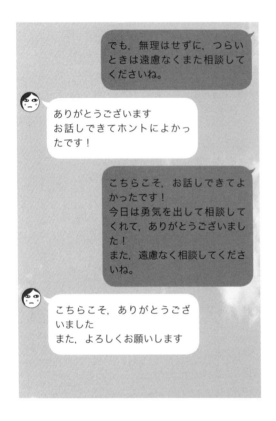

　母親との関係に強い葛藤があり，希死念慮を訴える高１女子からの相談です。相談の第一声から「もう死にたい」と訴え，その思いや状況を尋ねても表現はあまり深まらず，当初は相談が滞りがちです。LINE相談では，相談者の表現は短文にとどまりやすく，放っておくと相談は停滞してしまいがちなのです。その中で相談員は，相談者の感情に共感的理解を示しながらも，

4. 架空事例③：死にたいと訴える高校1年生女子

積極的に質問をして対話をリードし，問題状況を把握しようと努めています。

　また，親子関係のあり様がわかるように，具体的なやりとりやエピソード（ある日の出来事）を尋ねることも重要です。そうすることで，相談者の心情を追体験することができ，相談者の理解につながります。また，こうした関わりをしたことで，「（母親は）私のことが嫌いなんです」という，相談者の葛藤テーマが明確になりました。

　対面の相談では，相談者の葛藤テーマに共感的理解を示し，相談者に寄り添っていくことで面接が深まることが多いでしょう。しかし，今回の相談では，そうした関わりが相談者の情緒的混乱をかえって強めていると判断して，相談員は途中から相談者のリソースを探索するアプローチに切り替えています。相談員には，自分の関わりがどのような結果を招いているのかをよく観察し，それが悪循環を招いているようであれば，良循環を生み出すコミュニケーションへと修正していく力が求められます。

　相談員は，「そのしんどい中で，今まで死ぬことをなんとか踏みとどまってこれたのは，どうしてなのかな？」と尋ね，相談者のリソースを引き出そうと試みます。しかしこの質問では相談者のリソースをうまく引き出すことができませんでした。次いで，「今まで，死にたくなったときに，リスカする以外で，気持ちが少しでも楽になったりしたことはありますか？」と尋ねて，死にたくなったときの対処方法を尋ね，少しでもうまく

いっている状況がないかを探索します。すると，相談者は「〇〇が好きなんで，〇〇の曲をよく聞いたりはします」と語り，それが相談者のリソースであることが明確になります。相談員は，相談者のリソースで承認し，それを強めて活用することを試みます。こうした関わりは功を奏しました。相談員は，相談者のリソースを活用し，リストカットに代わる健康的な対処行動をとることを推奨する心理教育を行ない，今後の目標について相談者と共有することができました。

　ちなみに，この相談における吹き出しの数は 87 です（相談員 37，相談者 50）。この相談は時間にするとおおよそ 1 時間半の長さでしたが，このように希死念慮を訴えるような情緒的負荷の強い相談の場合，通常はもっと長く，2〜3時間になることが多いでしょう。

5. まとめ

　中高生の LINE 相談の実際を生き生きとお伝えすることを目的に，3つの架空事例を提示してきました。はじめにも述べたように，これらは架空の事例ではありますが，実際の相談経験に基づいたものです。

　これらの事例が，これまでの諸章において述べられてきた LINE 相談の特徴をより実感的に理解していただく助けになればと思います。また，統計上の数字ではなかなか伝わらない相談現場のリアリティが伝わることを願っています。

相談員のコラム⑤

扉をたたく勇気に応えたい

　SNS相談のお話をいただいたとき，「そうこなくっちゃ！是非とも必要，必要！」と思いました。生まれたときから携帯があり，電話よりメールやSNSに慣れ親しんでいる若い世代とつながるための大きな扉が開かれたと感じたのです。

　とはいえ，やってみると違和感や苦労もありました。なかなか状況がつかめず，対面の相談はもちろん，電話相談と比べてもかなりの時間とエネルギーが必要でした。返信を書いている間に次のメッセージがきたりして，それに答えているとさらに時間がかかったり，ある時はメッセージが入れ違いになり，やりとりがへんてこりんになったりしたこともありました。長い間返信がないと，"考えている？どうしたの？…"と，5分10分待っていると「すみません，お風呂入ってました」"えっ？そんなのあり？"ということもありました。10分，20分と返信がなく，"嫌になったのか，それとも眠ってしまったのか？"と，そろそろ打ち切ろうとメッセージを入れると，それで目覚めたのか，また会話が続いたりして，文字情報以外何もわからないために，いつも手探りで，いろいろ想像をめぐらせなければなりませんでした。これは，電話や対面の相談ではありえないことです。

　しかし，そのような苦労より，「こんなこと誰にも言えない」という声が届くことがSNS相談の最大の意味だと感じます。

　若い人たちは，あたかも会話するように文章を入力します。もしかすると話すより早いかもしれません。ですので，こちらも入力にスピードが求められます。心がけたのは，できるだけ短いセンテンスで質問や反応をすることでした。また，語調なども相手が違和感を感じないように合わせるようにしました。「意外に若いですね」などと言われましたし，「親しみやすく」感じてもらえたのではないか，と思っています。

　印象に残っているケースは何日も続けて相談してくれた中学生の女の子でした。「死にたい」を連発し，SNS相談以外に誰ともつながろうとせず，とても心配なケースでした。彼女の問題は深刻で解決にいたらな

相談員のコラム❺ 扉をたたく勇気に応えたい

いまま，その後途切れてしまったそうです。私はそのうち2日関わりましたが，重苦しいやりとりの中にも，先輩との素敵な約束について話してくれたり，上手に作ったアクセサリーの写真を送ってくれたりと，一筋の光のようなエピソードがありました。休みの日，これまでのやりとりを読み返して，しんどくなったと言っていましたが，読み返すことを通じて，心配している相談員の存在や，みずから語った明るい話題を思い出して，いつの日か力にしてくれたら…と祈らずにはいられません。

このようにSNS相談の強みは，相談者も私たちもログを見直すことができることです。対応中にも，過去のやりとりを確認できますし，後でケース全体を検討することもできます。また，こちらの様子も相手に伝わりませんから，対応に困ったときに，他の相談員と相談しながら返信を書くことができるというのは他にはない独特なものです。

今回の経験を通じて，誰にも言えない悩みを抱え，SNSだからこそ，おそるおそる語りかけてくれる人が本当にたくさんいることを実感しました。SNS相談だけでは限界があることは確かですが，「とりあえず，ほっとしました」とか「少しだけ，これ

でいいのかも…と思えるようになりました」と，相談を終えた人もいます。SNS相談につながったことが「誰かに相談することは悪くない」あるいは「意味がありそうだ」という経験となってくれることを願ってやみません。SNS相談には他者に心の窓を開く，そんな「鍵」となるような重要な意味があると思います。

乙倉恵子
（公益財団法人関西カウンセリングセンター）

まとめ：SNS相談の課題

1. 今後に向けての展望

　わが国におけるSNS相談は，まだ発展の緒に就いたばかりです。しかし本書において紹介してきたような状況からすると，SNS相談はこれからさらに急速に発展していくものと思われます。

　もちろん，情報通信技術はめまぐるしく変化する世界です。そして中高生は流行の最先端をつくり出す世代です。もしかすると10年先には中高生は誰もLINEを使っていないという事態が生じているかもしれません。もっと他のコミュニケーション・ツールを使っているのかもしれません。ポケベルがほんの数年で姿を消したように，そう遠くない将来，LINEも消えていくかもしれません。しかしそのときには，またその新しいコミュニケーション・ツールを用いた相談を発展させていくことが必要になるだけです。重要なのは，LINEで相談を受けるということではなく，若年層のための悩み相談は，若年層が最も親しんでいるコミュニケーション・ツールを用いて行なうべき

まとめ：SNS相談の課題

だということです。

とはいえ、当面の間は、LINEでの悩み相談に高いニーズがあります。そのことは間違いないでしょう。テクノロジー的にも、心理相談的にも、LINEによる相談の技術の開発や工夫がますます求められるでしょう。LINE相談を代表とするSNS相談には、まだまだ潜在的な可能性がたくさんあります。

2. SNS相談の難しさ

LINE相談を行なってみて、総合的に言えば、LINE相談には一定の効果があることがわかりました。しかし、正直、うまくいかなかったケースや、これでよかったのかと疑問が残るケースもありました（表6-1）。

表6-1 うまくいかなかったケース

- 途中で反応が途絶えて状況不明なまま終わる
- 「もういいです」と言われて終わる
- 対話を続けても同じ訴えに戻り、変化の手応えが得られない
- 話の内容の真偽が定まらない
- ほぼ毎日、数時間の相談をしてくる

もちろん、対面にせよ、電話にせよ、メールにせよ、どのような相談でも、すべての相談者に十分満足してもらえるような対応ができるわけではありません。しかしなお、こうした場合において、どのような対応がよかったのかを考えていくことが

必要です。

　ここにあげた難しさに関連して，相談者からの反応が途絶えたとき，どれくらい待って終了とするのかについては，検討が必要です。今回の相談では，「どうしたのかな」と声をかけて10分待ち，「反応がないようなので相談を終わります」と声をかけてさらに10分待ちました。もう少し短く切り上げてもよいかもしれません。

　また，ほぼ毎日，数時間の相談をしてくるようなヘビーユーザーにどのように応じるかも難しい問題です。相談者から求められるまま，毎日，数時間の相談を提供することが本当に有用なのかどうか，検討する必要があります。相談の時間枠について一定の制限を設けたほうが，相談の質が上がるかもしれません。この点については，さらなる研究が必要です。

3.　今後の課題

　最後に，SNS 相談の今後の発展に向けて，現段階で認識されている主な課題を以下に述べます。

(1) SNS 相談に適した効果的な相談技術のさらなる研究

　第 3 章において解説したように，ほぼテキストのみによるSNS 相談の相談技術は，対面での相談技術とも，電話での相談技術とも，違っているところがあります。もちろん，基本は共通しているのですが，細かい点ではやはり違います。対面や

まとめ：SNS 相談の課題

電話での相談経験を積んできた相談員が，対面や電話でしているような応答をそのまま文字化して送信すると，効果的にならない場合があるのです。

どのように違っているかについて，現在のところ，理解してきたことを，第3章に述べました。しかしこの点に関しては，まだまだ検討の余地があると思います。SNS での相談経験を重ねながら，さらに研究を重ねていくことが必要でしょう。

これと関連して，相談員の相談技術の向上のためには，相談の事例を集積して，さまざまな角度から研究し，さらに知見を高めていくことが必要です。継続的な研修のシステムも必要でしょう。学術的な研究も活性化されていくことが期待されます。学術と現場との生産的な交流が，この領域を発展させていくのです。

(2) SNS 相談，電話相談，対面相談を円滑につなぐ相談体制の あり方の検討

第4章ですでに述べたように，今回の LINE 相談の経験から私たちは，LINE 相談から電話相談につなぐのはそう簡単ではないし，またしばしば適切でもないということを学びました。

LINE 相談における相談者の多くは，電話や対面での相談を望みながらその入り口として LINE で相談してくるわけではありません。LINE でつながりたくて相談してくるのです。相談者の多くは，電話や対面での相談へのニーズがあるわけではないのです。ですから，彼らに電話相談や対面相談を強く勧める

のはお門違いなのです。

　もちろん，いじめや自殺の問題が深刻であると判断されるような場合には，LINE 相談から電話や対面での相談へとつなぐことが適切かつ必要です。しかしその場合でもそれは簡単ではありません。LINE 相談の中で時間をかけて相談を継続させながら，変化のステージを移行させていく努力と辛抱強さが必要です。

　こうした相談メディアの移行は，当初想定されていたよりも難しいということがわかりましたが，決して不可能だというわけではありません。電話や対面での相談につなぐことが必要であり適切であるときには，できるだけ円滑に移行できるように，相談体制を工夫しておく必要があります。

　LINE のトークによる相談から，LINE 電話の相談に誘導し，同じ相談員が電話で相談を受けるのが最もスムーズなのではないかと思います。そういうことが円滑にできるシステムの開発が必要です。また，そうしたシステムが開発されたとしても，実際の相談現場でどのようにすればうまく運用できるのか，今後，検討していくことが必要でしょう。

(3) 予防的・啓発的情報の発信についての研究

　いじめ予防にしても，自殺予防にしても，その他のさまざまな悩みの予防にしても，コミュニティの多くのメンバーを啓発し，意識を高め，基本的な知識を普及させることが重要です。LINE では相談を受けるだけでなく，情報を発信することがで

まとめ：SNS相談の課題

きます。友だち登録してくれている中高生にいっせいにメッセージを送信することができるのです。紙媒体で配布するのとは違い，送信されたメッセージはいつでも端末のモニターに呼び出すことができます。メッセージに動画を含めることもできます。ウェブ上の他のサイトにある有益な情報にリンクを貼って飛ばすこともできます。

　待ちの姿勢で相談を受けるだけでなく，こうした予防的・啓発的情報を積極的に発信していくことができるのがLINEの特徴です。どのようなタイミングで，どのようなかたちで届ければ効果的なのか，今後，研究していく必要があります。

(4) オンライン教材を活用した相談についての研究

　SNSでの悩み相談を，オンライン上の教材と有機的にリンクさせ，そうした教材を用いながら相談を進めることもできます。たとえば，不安で仕方がないという相談であれば，リラクセーションやマインドフルネスなどのセルフケアについて解説したウェブサイトを紹介し，見てもらうことも可能です。ウェブ上に短い教材動画を置いておき，必要な相談者にはそれを見てもらうことも可能です。ウェブ上に気分を記録する簡単な日記を用意し，相談者が書き込めるようにすることも可能でしょう。

　SNS相談はオンラインカウンセリングの一種であり，ウェブと容易にリンクできるのです。SNS上でのやりとりだけでなく，ウェブ上に利用可能な教材を用意しておくことで，

3. 今後の課題

LINE 相談の可能性はかなり広がります。

(5) コンピューターによる相談員のアシストに関する技術開発

　第1章で紹介したアメリカの「クライシス・テキスト・ライン」では，コンピューターのアルゴリズムが，送られてきたメッセージをリアルタイムで分析し，対応の優先順位をつけたり，相談員が尋ねるべき質問をモニターにポップアップさせたりするということを紹介しました。このようなテクノロジー上の技術開発が，わが国の SNS 相談でももっと進められることを期待します。

　相談員の心拍数や表情をモニターし，相談員が焦っている兆候を示せば，コンピューターがモニター上に，「落ち着いて」「深呼吸して」などと誘導することもできるでしょう。相談員が不適切な言葉を使っていたら警告を与えることもできるでしょう。コンピューターによる相談員のアシストは今後もっと研究される余地があります。これは対面の相談でも同じなのですが，テキストのみによる SNS 相談では，技術的により早く実用化されうるでしょう。

　進路や就職の悩みであればキャリアコンサルタントの資格をもった相談員に振り当て，不安やうつの悩みであれば心理カウンセリング系の資格をもった相談員に振り当て，学校の先生についての不満などであれば教員経験のある相談員に振り当てるなど，コンピューターのアルゴリズムや AI（人工知能）が，入ってくる相談を分析し，うまく振り分けることも可能になる

まとめ：SNS相談の課題

でしょう。

　AIの相談員も登場するかもしれません。LINEで会話するAIは、マイクロソフト社のAI女子高生「りんな」を代表として、すでにいくつも存在しています。最初の何往復かのやりとりはAIが行ない、その内容から適切な相談員につないだり、ウェブ上の情報を紹介したりといったように、受付機能をAIにもたせることも可能になるかもしれません。

　しかし、相談の中身に関してまですべてAIに委ねることは、いくら文字だけのやりとりとはいえ、まだまだ難しいように思われます。いつかは、人間の相談員とまったく判別できないような対応が可能なAIが登場するかもしれません。それでもなお、相談者にとっては、生きた人間の相談員がいろいろな思いを抱きながら対応しているという事実にはとても重要なサポート的意味があると思います。この領域においては、いくらAIが進化したとしても、生きた人間の相談員の需要がなくなることはないでしょう。

相談員のコラム ⑥

LINE 相談室の中

　LINE相談の部屋には，大きな会議テーブルがあり，テーブルの上にぐるりと円形に相談員のための10台のパソコンが並んでいます。

　相談員は，部屋に入るとパソコンを起動し，相談システムにログインして待機します。17時，相談開始時刻になるとPC画面に相談が入ってきます。対面相談のようにノックはありません。電話相談のようにコール音もありません。PCのモニター上にすっすっと表示が並び，あっという間に対応可能件数に達します。

　待機している相談員が小さく手をあげ，「対応します」と表明して，順番に相談対応に入っていきます。まずは「相談員につなぎます。学年と性別，相談内容を教えてください」という相談開始の定型メッセージの送信からです。即座に「高2　男子　友だちのこと」と短く返してくる子がいます。一方，しばらく応答がなく，「思っていることを何でも話してくださいね」という相談員からのうながしに，ようやく「はい」と返答する子もいます。

　相談内容はさまざまです。家族との葛藤。友だち関係。恋愛相談もたくさんありました。さみしくて，つらくて，生き場がないと訴える子。部活動で，クラスで心が砕けそうな経験を告白する子も。相談員は，一人ひとりにていねいに向き合います。言葉を選んで，返答をタイプして返信ボタンをクリック。表情も，声も，姿かたちもわかりませんから，送ってくれる言葉から，その裏に見え隠れする心を慎重に探索していくしかありません。相談者からの返信が返ってくるのに数分かかることも多く，その間，相談員には，相手のペースに合わせつつ，集中力を保って「待つ」ことが求められました。この「待つ」時間は，決して気楽な空き時間ではありません。その間，相談員は，時間の経過の意味に思いをめぐらせたり，次の対応を考えたりと，「待つ」時間に大きなエネルギーを注ぎ込む必要があるのです。

　LINE相談は，声のない相談です。部屋には相談員のタイピングの音だけが響きます。ところが，実は相談員から声があがることがあるのです。「そうなんだ！」「そっかぁ」「うーん」

相談員のコラム❻　LINE相談室の中

「わかるなぁ」「これはつらいよねぇ」。送られてくるメッセージを見て，思わず相談員はモニターに向かって声をかけているのです。テキストのやりとりのみというLINE相談に挑戦している相談員の心の動きは，とても活発で，まるでモニターの向こう側まで行って，スマホを片手にメッセージを打っている子どもたちの傍にいるかのように見えるのでした。

　そんな相談室の中で，全体の相談管理を担った私の役割には，相談員をサポートすることが含まれていました。相談員が返答に迷ったら声をかけてもらい，一緒に流れを確認します。どう返答したらいいか，一緒に言葉を考えることもあります。また，相談者から出てきた話題で，相談員が知らない情報を調べて伝えることもあります。たとえば，相談者の好きなミュージシャンについて，即時に隣で検索してその情報を伝えるのです。その情報が助けとなって，話しが膨らむこともありました。こうしたサポートは，対面相談や電話相談ではできないことで，LINE相談の大きな利点の一つだと思います。

　テキストのみの相談の中であっても，相談者の心を少しでもよく理解できるよう，気持ちに寄り添いながら，大事にていねいにやりとりして

いく。その過程の中で，誰にも伝えられずにいた子どもたちの心の言葉が送られてきます。その意味では，LINE相談も，他の形態の相談となんら変わりはありません。LINE相談室の中では，子どもたちと相談員の心が触れ合う生き生きとした交流が，日々，展開していたのでした。

高間量子
（公益財団法人関西カウンセリングセンター）

文献

 アカデミック・アドバイザーのコラム：LINE 相談と変化のステージ

Prochaska, J. O., & Norcross, J. C. (2014). *Systems of Psychotherapy: A transtheoretical analysis*, (8th ed.). Stamford, CT: Cengage Learning.

 なぜ LINE 相談なのか？

Barak, A., Hen, L., Boniel-Nissim, M., & Shapira, N. (2008). A comprehensive review and a meta-analysis of the effectiveness of internet-based psychotherapeutic interventions. *Journal of Technology in Human Services*, *26*(2–4), 109–160.

Cook, J. E., & Doyle, C. (2002). Working alliance in onLINE therapy as compared to face-to-face therapy: Preliminary results. *CyberPsychology & Behavior*, *5*(2), 95–105.

Cuijpers, P., Donker, T., van Straten, A., & Li, J. (2010). Is guided self-help as effective as face-to-face psychotherapy for depression and anxiety disorders? : A systematic review and meta-analysis of comparative outcome studies. *Psychological Medicine*, *40*(12), 1943–1957.

Johansson, R., Hesslow, T., Ljótsson, B., Jansson, A., Jonsson, L., Färdig, S., Karlsson, J., Hesser, H., Frederick, R. J., Lilliengren, P., Carlbring, P., & Andersson, G. (2017). Internet-based affect-focused psychodynamic therapy for social anxiety disorder: A randomized controlled trial with 2-year follow-up. *Psychotherapy*, *54*(4), 351–360.

Leach, L., & Christensen, H. (2006). A systematic review of telephone-based intervention for mental disorders. *Journal of Telemedicine and Telecare*. *12*(3), 122–129.

中村洸太（編著）(2017). メールカウンセリングの技法と実際：オンラインカウンセリングの現場から　川島書店

総務省情報通信政策研究所 (2017). 平成 28 年情報通信メディアの利用時間と情報行動に関する調査

あとがき

　正直に告白すると，私は SNS にはうとく，当初は「SNS で
カウンセリングなんてできるんだろうか？」と懐疑的でした。
そういう意味では，多くの援助者や臨床心理士と同様の疑念を
抱いていたと言えます。また，スクールカウンセラーとして不
登校や心の問題を抱えた子どもたちと関わってきましたので，
悩める中高生の実態は理解しているつもりでした。ところが，
実際に SNS 相談に携わってみると，私のこうした思いは覆さ
れることになりました。

　SNS 相談では，私が「相談室」で出会う悩みとは異なる悩
みも多く語られます。恋愛の悩みや友人関係の悩みで「相談室」
を訪れる子どもはあまりいません。私が「悩める中高生の実態」
だと思っていたものは，ほんの氷山の一角にすぎず，多くの悩
める子どもたちは専門家の目には届かないところにいるのだと
気づかされました。また，不登校や心の問題の多くは，家族関
係や友人関係などの人間関係の悩みから生じていることを考え
ると，こうした悩みに早期に対応できる SNS 相談には，不登
校や心の問題，そして自殺に対する「予防効果」が期待できる
と考えるようになりました。私が出会っていた子どもたちは，
こうした悩みが募り，症状や問題行動として顕在化した子ども
たちだったのです。

　「SNS 相談に対する壁は，中高生の側にはありません。私た

165

あとがき

ち援助者の側にあるのです」。これは，本書の執筆者である杉原が，ある SNS 相談の研修会で述べた言葉です。私はこの言葉が忘れられません。SNS 相談に対する不安・懐疑心，そしてそれを合理化するようなさまざまな言説は，私たち援助者の側にある壁なのだと気づかされました。「相談室」を訪れる子どもたちは，不安な気持ちを抱えながら，大きな壁を乗り越えて敷居の高い「相談室」を訪れます。大きな壁を乗り越えてくることを子どもたちに求めるのではなく，私たち援助者の側が不安の壁を乗り越えて，子どもたちの声が届くところに踏み出していく必要があったのです。SNS には，助けを求める声があふれています。そうした声が，座間市で起きた事件のような悪意をもった人たちにではなく，適切な援助者のもとに届くように，SNS を用いた相談窓口を切り開いていく必要があるのです。本書が，そうしたチャレンジングな試みを勇気づけるものになることを願っています。

2018 年 3 月　宮田智基

*　　　*　　　*

　本書は，LINE を用いたカウンセリングについて，私たちの初めての試みをまとめたものです。本書はいわばパイロット・スタディであり，今後に向けたたたき台のようなものです。本

書には未熟なところが多々あると思いますが，SNS 相談が急速に広がろうとしている今，私たちの経験知をいち早く共有する必要があると考え，取り急ぎ刊行することにしました。

　SNS は若者のコミュニケーションのあり方を大きく変えました。SNS は，しばしば，若者の社会性やコミュニケーション能力の発達を歪める害悪として語られ，非難されています。いじめや犯罪に利用されることもしばしばあります。SNS にはそういうマイナス面があることは否定できません。

　しかし，チュニジア，エジプト，リビアなどにおける民衆による社会変革（アラブの春）が Twitter や facebook などの SNS によって後押しされたことも事実です。セクハラの被害に沈黙せず，社会に向けて現状の変更を求める多数の女性たちの Twitter 上の力強い発言（#Me Too）が，この社会に強烈なインパクトをもたらしているのも事実です。

　SNS には確かにマイナス面もありますが，少なくともそれと同じくらいプラス面もあります。何事もいいことばかりとはいきません。SNS を丸ごと排除すれば解決だという考えは，短絡的であるばかりか，非現実的なものでしょう。私たちはこれからも SNS のプラス面を活用し続け，さらに発展させていくことでしょう。しかし，そうするからには，そのマイナス面と向き合い，しっかり取り組んでいくことが必要です。そしてしっかり取り組んでいくなら，SNS のマイナス面には，実は巨大なプラスを生み出すポテンシャルが内蔵されていることがわかるはずです。SNS 相談はそうした可能性を見せてくれる

あとがき

ものだと思います。

　最後になりましたが，本書の成立に関してお世話になった諸団体にお礼を述べておきたいと思います。本当は一人ひとりお名前を挙げてお礼を述べたいのですが，組織的な活動でもあるため，団体名で代表させていただきます。はじめに「ひとりで悩まないで＠長野」の事業主体である長野県に感謝申し上げます。また，長野県とともにこの事業を推進した LINE 株式会社ならびにトランスコスモス株式会社にも感謝申し上げます。さらにまた，この事業において相談業務を担当した（公益財団法人）関西カウンセリングセンターにも感謝いたします。これらの団体のさまざまな方々一人ひとりのご尽力により「ひとりで悩まないで＠長野」の LINE 相談事業が実現しました。ありがとうございました。そして，勇気をもって相談してくれた長野県の多くの中高生にもお礼申し上げます。本当にありがとうございました。また，北大路書房の安井理紗さんには本書の企画段階から刊行まで細々とお世話になりました。ありがとうございました。

2018 年 3 月　杉原保史

執筆者紹介

杉原保史（すぎはら・やすし）
1961年　兵庫県に生まれる
1989年　京都大学大学院教育学研究科博士課程研究指導認定退学（教育学博士）
現　在　京都大学学生総合支援センターセンター長・教授

[主著・論文]
『統合的アプローチによる心理援助』金剛出版　2009年
『12人のカウンセラーが語る12の物語』（共編著）ミネルヴァ書房　2010年
『技芸（アート）としてのカウンセリング入門』創元社　2012年
『プロカウンセラーの共感の技術』創元社　2015年
『キャリアコンサルタントのためのカウンセリング入門』北大路書房　2016年
『心理カウンセラーと考えるハラスメントの予防と相談』北大路書房　2017年

ほか多数

宮田智基（みやた・ともき）
1974年　大阪府に生まれる
1999年　関西大学大学院社会学研究科博士課程前期課程修了
現　在　帝塚山学院大学大学院教授

[主著・論文]
「小児のストレス・マネジメントにおける基礎研究（第1報）―小児におけるストレス反応とストレス軽減要因との関係―」（共著）　心身医学, 43(2),129-135. 2003年
「小児のストレス・マネジメントにおける基礎研究（第2報）―ソーシャル・スキルのストレス軽減効果―」（共著）　心身医学, 43(3),185-192. 2003年
「エナクトメントの臨床的取り扱いとその意義―対人関係学派の観点から―」　精神分析的心理療法フォーラム, 2, 79-84. 2014年

SNS相談に関する研修依頼は、（公財）関西カウンセリングセンター
https://www.kscc.or.jp　TEL 06-6809-1225 にお問い合わせください。

SNSカウンセリング入門
LINEによるいじめ・自殺予防相談の実際

2018年5月20日	初版第1刷発行	定価はカバーに表示
2020年7月20日	初版第3刷発行	してあります。

著　者　杉　原　保　史
　　　　宮　田　智　基

発 行 所　　（株）北 大 路 書 房

〒603-8303　京都市北区紫野十二坊町12-8
電話（075）431-0361（代）
FAX（075）431-9393
振替　01050-4-2083

編集・デザイン・装丁 上瀬奈緒子（綴水社）　印刷・製本 創栄図書印刷（株）
©2018　ISBN978-4-7628-3021-1　Printed in Japan
検印省略　落丁・乱丁本はお取り替えいたします

・ JCOPY 〈㈳出版者著作権管理機構 委託出版物〉
本書の無断複写は著作権法上での例外を除き禁じられています。
複写される場合は，そのつど事前に，㈳出版者著作権管理機構
（電話 03-5244-5088, FAX 03-5244-5089, e-mail: info@jcopy.or.jp）
の許諾を得てください。